Beck

Die Wohnungsfrage mit besonderer Berücksichtigung der

Mannheimer Verhältnisse

Beck

Die Wohnungsfrage mit besonderer Berücksichtigung der Mannheimer Verhältnisse

ISBN/EAN: 9783743373945

Hergestellt in Europa, USA, Kanada, Australien, Japan

Cover: Foto ©ninafisch / pixelio.de

Manufactured and distributed by brebook publishing software (www.brebook.com)

Beck

Die Wohnungsfrage mit besonderer Berücksichtigung der

Mannheimer Verhältnisse

Die
Wohnungsfrage

mit besonderer Berücksichtigung

der

Mannheimer Verhältnisse.

———❖———

Denkschrift

des

Oberbürgermeisters Beck

an den

Stadtrath der Hauptstadt Mannheim.

Mannheimer Vereinsdruckerei.

Inhalts-Verzeichniß.

Vorwort.

Zu den bedeutsamsten sozialen Problemen, deren Lösung die Gegenwart sich zur Aufgabe gestellt hat, gehört die Wohnungsfrage.

Dieselbe ist in ihrer heutigen Gestalt so recht ein Kind der modernen wirthschaftlichen Entwickelung, wenngleich die Wohnungsverhältnisse der misera plebs in den Städten des Alterthums, wie des Mittelalters und der „guten alten" Zeit nach den Schilderungen der Zeitgenossen vielfach als geradezu klägliche bezeichnet werden müssen.

Mögen auch Mißstände in den Wohnungsverhältnissen, welche sowohl im Mangel von angemessenen Wohnungen überhaupt und in drückender Steigerung der Miethzinsen, als in ungenügender sanitärer Beschaffenheit der Räume bestehen können, in den nach den Gesetzen des modernen Bevölkerungsstromes unaufhaltsam anwachsenden größeren Städten gegenwärtig in schlimmerer Form wie früher zu Tage treten, so ist doch nicht zu übersehen, daß solche auch heute weit mehr empfunden werden, und im Lichte der weitestgehenden Publizität manchmal auch bedenklicher, als in der Wirklichkeit erscheinen.

So unbefriedigend aber auch die heutigen Wohnungszustände in unseren modernen Städten sind und so wenig auch der über alles Erwarten rapiden Bevölkerungszunahme Philantropie und Privatspekulation wie auch die prophylaktischen und repressiven Maßnahmen der Staats- und Gemeinde-behörden zu folgen vermochten, so darf man sich doch allzu pessimistischen An-schauungen nicht hingeben. Dem nüchternen Beobachter erscheint die nicht selten vertretene Annahme, daß die Stadtbevölkerungen einen hippokratischen Zug an sich trügen, als eine recht gewagte.

Die Wohnungsreform bildet seit bald zwei Menschenaltern den Gegen-stand der mannigfaltigsten praktischen Versuche in Gesetzgebung, Verwaltung und privater Thätigkeit, wie nicht minder einer fast unübersehbaren literarischen Behandlung.

Auch in Mannheim hat die Wohnungsfrage schon vor Jahrzehnten und später wiederholt die städtischen Behörden beschäftigt. Sie trat durch die in den Jahren 1889/1893 durchgeführte sanitätspolizeiliche Untersuchung der Miethwohnungen und Schlafstellen in ein akutes Stadium und bildete nament-lich für den Unterzeichneten seit Beginn seiner hiesigen Amtsthätigkeit eine angelegentliche Sorge. Denn es kann meines Erachtens kaum mehr bestritten werden, daß eine gesunde Kommunalpolitik, wie sie gegenüber den unteren Ständen in ihren Lohn- und Besoldungsgrundsätzen, überhaupt in der Ge-staltung des Arbeitsverhältnisses vorbildlich zum Ausdrucke kommen muß, vor Allem auch die geistige und physische Hebung der ärmeren Volksschichten durch

hygienische Maßregeln, namentlich durch energische und opferwillige Mitwir=
kung bei der Lösung der Wohnungsfrage zum Zielpunkte zu nehmen hat.

Wiederholt in den letzten Jahren ist die auf ein aktives Eingreifen der
Gemeinde gerichtete Absicht des Stadtraths gescheitert. Da aber einerseits die
Wohnungsverhältnisse sich inzwischen weit ungünstiger gestalteten und man anderer=
seits ein Hülfsmittel gefunden zu haben glaubt, welches Verbesserung verheißt, ohne
die widerstreitenden Interessen der Hausbesitzer und Bauunternehmer in un=
zulässiger Weise zu beeinträchtigen, so dürfte einem neuerlichen Antrage des
Stadtraths ein besseres Schicksal beschieden sein.

Die vorliegende Denkschrift, deren Grundzüge bereits vor mehreren Jahren
bearbeitet wurden, aber aus taktischen Gründen nicht zur Veröffentlichung
kamen, bezweckt nun, in erster Linie den Mitgliedern des Stadtraths und
weiterhin auch jenen des Stadtverordnetenkollegiums einen lokalgeschichtlichen
Ueberblick, sowie eine gedrängte Darstellung über das andererorts Geschehene
und die überaus reichhaltige Literatur zu gewähren. Dem Erwähnten
reihen sich sodann die Schlußfolgerungen aus den vorhergehenden Er=
örterungen sowie der Entwurf eines zusammenfassenden Programms an,
wie es der Verfasser zur Durchführung der städtischen Behörde empfehlen
möchte.

Bei der Eigenartigkeit des Stoffes wird es nicht zu vermeiden sein,
daß dem einen Leser die ganze Abhandlung oder einzelne Theile derselben
zu ausführlich, dem anderen dagegen zu dürftig behandelt erscheinen; eine voll=
kommen befriedigende Wirkung würde aber selbst bei größerer Muße, als sie
zur Ueberarbeitung dieser Schrift zur Verfügung gestanden, nicht zu er=
reichen sein.

Als hauptsächliche Quellen sind, abgesehen vom städtischen Aktenmaterial,
die einschlägigen Artikel im „Handwörterbuch der Staatswissenschaften“,
Herkner: „die Arbeiterfrage“, die bezüglichen Brochüren von Ed. Pfeiffer, Paul
Lechler, Dr. H. Albrecht, u. A., die Aufsätze, Nachrichten und Versammlungs=
berichte in den Zeitschriften „Arbeiterfreund“, „Soziale Praxis“, den „Schriften
des Vereins für Armenpflege und Wohlthätigkeit“, des „Vereins für öffentliche
Gesundheitspflege“, der „Centralstelle für Arbeiter=Wohlfahrtseinrichtungen“
benützt worden.

Mannheim, im September 1897.

Oberbürgermeister Beck.

Erster Abschnitt.

Lokalgeschichtliches über die Wohnungsfrage.

Die ersten Bestrebungen in der Wohnungsfrage gehen in Mannheim um 40 Jahre zurück.

Schon im Jahre 1857 wurde Seitens des Gemeinderaths die Gründung einer „Gesellschaft zur Beschaffung wohlfeiler Wohnungen" betrieben, welcher namentlich die Fabrikunternehmer beitreten sollten, da der Wohnungsmangel in erster Reihe auf das ganz unvermittelte und die Stadt unvorbereitet treffende Aufblühen der Großindustrie und den damit zusammenhängenden starken Zuzug von Fabrikarbeitern zurückzuführen sei. Diese Bemühungen scheiterten jedoch an der durchaus ablehnenden Haltung der Großindustriellen.

Im Jahre 1866 bildete sich alsdann die als Aktienunternehmen heute noch bestehende „Gemeinnützige Baugesellschaft" zu dem „Zwecke der Beschaffung guter und billiger Wohnungen für die hiesige arbeitende Bevölkerung", welche im Jahre 1868 ihre Thätigkeit aufnehmen konnte und in verschiedenen Zwischenräumen auf einem von der Stadt zu 1000 Gulden per Morgen = 36 Ar erworbenen Terrain in der „Wiesengewann" am Neckarauer Bahnübergang bis zum Jahre 1873 drei Häuserkomplexe mit 63 Wohnungen (z. Th. mit Gartennutzung) und im Ganzen 115 bewohnbaren Räumen errichtete.

Zu einer derartigen Aufgabe war aber selbstredend das Gesellschaftskapital von ursprünglich 25000 fl. — später 36200 fl. — unzureichend; es mußte deshalb zur Aufnahme eines Anlehens bei der hiesigen Sparkasse im Betrage von 100000 Mk. geschritten werden. Hierzu kam, daß das junge Unternehmen mit der Ungunst der wirthschaftlichen Verhältnisse Ende der 1870er Jahre, mit elementaren Ereignissen ꝛc. zu kämpfen hatte. Unter diesen Umständen wollte das Unternehmen nicht den wünschenswerthen Fortgang nehmen. Es sei, so klagt die Gesellschaft, trotz vielfacher Bemühungen nicht möglich gewesen, andere Mittel, namentlich weitere Gesellschaftsantheile aufzutreiben; die wohlhabende Einwohnerschaft habe ihr kein besonderes Interesse entgegengebracht, so daß es bis heute bei den Erfolgen der Periode 1868—73 geblieben sei.

Im Jahre 1885 sah sich die Armenkommission veranlaßt, den Stadtrath auf den zu einer sozialen Gefahr sich herausbildenden Nothstand in Bezug auf die Wohnverhältnisse der untersten Arbeiterklasse, welcher vielen ihrer Mitglieder aus eigener Anschauung und dem Gesammtkollegium aus den Berichten der Armenkommissäre und der Unterstützten bekannt geworden war, aufmerksam zu machen. Neben den unläugbaren Mißständen in sanitärer Beziehung seien es hauptsächlich die Miethzinsen, deren Höhe ein werkthätiges Eingreifen der Behörde geboten erscheinen lasse. Diese exorbitanten Preise seien — insbe= sondere für kinderreiche Arbeiterfamilien — der Hinderungsgrund zur Er= langung gesunder und zweckentsprechender Wohnräume und die Erklärung dafür, wie sich Leute mit nicht gerade niederem Arbeitsverdienste mit Woh= nungen begnügen, welche „kaum als regelmäßiger Aufenthaltsort von Menschen betrachtet werden könnten." Von der Kommission wurde dabei der demora= lisirende Einfluß solch' trauriger Wohnungszustände auf das Familienleben der Bewohner, auf die Schaffensfreude des Mannes, den häuslichen Sinn der Frau, auf die Kindererziehung, sowie die Rückwirkung dieser fortschreitenden Verderbniß auf die Allgemeinheit hervorgehoben.

Es wurden von der Armenkommission zur Abhülfe zweierlei Möglich= keiten ins Auge gefaßt:

1. Erstellung von Arbeiterwohnhäusern durch Private oder eine Gesell= schaft, Subventionirung derselben seitens der Stadt durch unentgelt= liche oder preiswürdige Ueberlassung des Baugeländes;

2. Bau solcher Häuser und Vermiethung derselben durch die Stadt= gemeinde.

Den letteren Weg bezeichnete die Armenkommission als den am sichersten zum angestrebten Ziele führenden und zwar aus folgenden Erwägungen:

Mit dem Bau solcher Häuser sei nur ein erster Schritt gethan; wichtiger noch sei die Obsorge dafür, daß die Wohnungen stets in einer dem ursprüng= lichen Plane des Unternehmens entsprechenden Weise benützt, sowie daß die Miethzinsen stets auf mäßiger Höhe gehalten werden. Die nach diesen Rich= tungen erforderliche strenge und nachhaltige Kontrole könne nur von der Stadt= gemeinde in eigenen Bauten, nicht aber einer von ihr subventionirten Ge= sellschaft oder gar Privatunternehmern gegenüber wirksam ausgeübt werden. Die Armenkommission sei davon überzeugt, daß die Inanspruchnahme öffent= licher Mittel zur Verzinsung und Amortisation des Baukapitals bei richtiger Verwaltung niemals nöthig fallen würde, da der — gleichwohl wesentlich unter dem sonst üblichen Betrag bleibende — Miethzins hierzu völlig ausreiche.

Die Kommission glaubt, daß schon das Bekanntwerden der ernstlichen Absicht der Stadtgemeinde, der Wohnungsnoth in der angedeuteten Weise entgegenzuarbeiten, noch mehr aber der Bau und die Bereitstellung einiger Musterhäuser (in Bezug auf Konstruktion und Verwaltung) die wegen einer solchen Konkurrenz besorgten Privatunternehmer zur Bereitstellung einer genügenden Anzahl guter und billiger Neubauten, die Inhaber der jetzigen Zinshäuser aber zu einer besseren Instandsetzung ihrer Miethsräume, sowie zu einer Reduktion des Miethspreises auf eine normale Höhe veranlassen werde, so daß im weiteren Verlauf ein Eingreifen der Stadt in größerem Umfange gar nicht erforderlich sei.

Seitens des Stadtraths wurde beschlossen, sich mit der Gemeinnützigen Baugesellschaft ins Benehmen zu setzen.

Es wurde derselben nach vorherigen umständlichen Verhandlungen billiges Baugelände und eine Zinsengarantie von 3 Prozent angeboten, dabei aber neben der Erstellung von zehn Doppelhäusern in der Schwetzinger= vorstadt auch der gleichzeitige Bau von zehn solcher Häuser im Stadt= theil jenseits Neckars verlangt. Die Gesellschaft erklärte darauf, daß ihr die Kapitalbeschaffung zu einem derart niedrigen Zinsfuß kaum gelingen werde, daß sie überdies auf das Ansinnen, auch in der Neckarvorstadt zu bauen, wegen der komplizirteren und darum auch kostspieligeren Verwaltung nicht eingehen könne. Aber auch nachdem der Stadtrath letztere Forderung aufge= geben hatte, vermochte die Gesellschaft, wie sie angab, das nöthige Baukapital bei der unzureichenden Zinsengarantie nicht zu beschaffen; sie wiederholte deshalb ihr früheres, auf Uebernahme einer Gewährleistung für 4 pCt. ge= richtetes Ersuchen. Dasselbe wurde jedoch vom Stadtrath mit Beschluß vom 12. Dezember 1886 abgelehnt, — und damit wurden damals die Verhand= lungen abgebrochen.

Mit Bericht vom 20. Februar 1888 machte die Armenkommission zu= nächst auf Anregung eines ihrer thätigsten Bezirkspfleger, des Armenkommissärs Ziegler, der in beweglichen Worten das in einer der meistbevölkertsten Mieths= kasernen herrschende soziale Elend schilderte, den Stadtrath nochmals auf den Mangel an gesunden und preiswürdigen Wohnungen und die — in sitten= und sanitätspolizeilicher Beziehung höchst bedenklichen — Zustände in einer großen Zahl der vorhandenen Arbeiterwohnungen aufmerksam.

Die Angelegenheit blieb indessen beruhen, nachdem in der stadträthlichen Bau= und Finanzkommission geltend gemacht worden war, es habe das Be= dürfniß für Erbauung von Arbeiterwohnungen in Folge des Eingreifens der Privatspekulation abgenommen.

Ein im Jahr 1885 enstandener „Verein zur Beschaffung billiger und gesunder Wohnungen", vorwiegend aus kleinen Leuten bestehend, scheint bald wieder ohne positive Erfolge seine Thätigkeit eingestellt zu haben.

Diese geringe Antheilnahme an einer in andern Industriezentren seit Jahrzehnten aktuellen Frage mag darauf zurückzuführen sein, daß die Privat= unternehmung sich inzwischen in größerem Umfange der Beschaffung von Arbeiterwohnungen zugewandt hatte, und sowohl in der Neckarvorstadt als auch in der Schwetzingervorstadt und im Lindenhof in rascher Folge ganze Straßenreihen erstehen ließ, welche sich rasch bevölkerten und den Besitzern durchgehends gute Erträgnisse abwarfen.

Erst neuerdings beanspruchte die Arbeiterwohnungsfrage wieder in erhöhtem Maaße das Interesse der Gemeindeverwaltung.

Der Aufsichtsrath der Gemeinnützigen Baugesellschaft stellte unterm 21. Juni 1892 an den Stadtrath das Ansinnen, es möge ihm Seitens der Stadtgemeinde zum Zwecke der Erstellung von 9 Arbeiterwohnhäusern mit 72 Wohnungen ein neben ihrem Besitzthum in der Schwetzingervorstadt gelegenes Baugelände zu billigem Preise überlassen und behufs Aufbringung des Baukapitals eine Zinsgarantie in Höhe von 3½ pCt. geleistet werden.

Die bezügliche Vorstellung führt aus, durch die private Bauthätigkeit sei dem Mangel an kleineren Familienwohnungen (2—3 Zimmer und Küche) zwar einigermaßen, aber noch lange nicht in genügendem Umfange abgeholfen und es seien daher auch die Miethpreise in einer Höhe geblieben, die in keinem Verhältnisse zum Verdienste gering bezahlter Arbeiter stehe. Die auf eigener Anschauung beruhende Erkenntniß dieser Sachlage in Verbindung mit Anregungen aus Fabrikanten- und Bürgerkreisen habe der Gesellschaft nahegelegt, an eine Wiederaufnahme ihrer Thätigkeit zu denken.

Die vom Stadtrathe zunächst eingeholten Aeußerungen berufener Factoren bejahten überwiegend die Bedürfnißfrage und befürworteten die Unterstützung der Bestrebungen der Baugesellschaft. Es wurde hierbei konstatirt, daß in der jetzigen Arbeiterkolonie der Gesellschaft nicht nur die Miethen um fast ein Viertel billiger seien, als in anderen Miethwohnungen gleicher Lage, daß auch eine musterhafte Ordnung sowie Zufriedenheit der Bewohner in denselben herrscht, also Zustände, die in vielen Arbeiterhäusern vergebens gesucht werden.

Auch das Stadtrathskollegium selbst kam nach eingehender Erwägung zu dem Entschlusse, der Gesellschaft in Bezug auf den Geländeerwerb ein weitgehendes Entgegenkommen zu Theil werden zu lassen. Eine Zinsengarantie dagegen hielt man im Hinblick auf die Bereitwilligkeit der Versicherungsanstalt Baden, Gelder zu Zwecken der vorliegenden Art unter sehr günstigen Bedingungen darzuleihen, für überflüssig.

Es wurde der Baugesellschaft die Unterstützung bei den Verhandlungen mit der Versicherungsanstalt in Aussicht gestellt und ein ihrem Besitzthum gegenüber liegender Baublock im Flächenmaaße von 15 730 qm um die Hälfte des auf 8 Mark pro qm = 125 840 Mark im Ganzen ermittelten Geländepreises zum Kaufe angeboten, auch die Bereitwilligkeit erklärt, die Gesellschaft nur zum hälftigen Ersatz der Straßenherstellungskosten heranzuziehen. Schließlich erbot sich die Stadtverwaltung zur Uebernahme von Gesellschafts-Aktien an Zahlungsstatt für den Geländepreis und die Straßenkosten unter Verzicht auf Baarzahlung.

An diese weitgehenden Zugeständnisse knüpfte der Stadtrath folgende Bedingungen:

1. Die Bestimmung des Gesellschaftsvertrags, wonach auf eine den landesüblichen Zinsfuß übersteigende Dividende verzichtet wird, ist beizubehalten und dahin zu ergänzen, daß ein etwaiger Ueberschuß

nach Beschluß der Generalversammlung nur entweder zum Bau neuer Häuser oder aber zur Erstellung gemeinnütziger Einrichtungen zum Vortheile der Bewohner (Badeanstalt, Lesezimmer, Turnsaal, Kinderspielsaal, Spielplätze 2c.) Verwendung finden soll; ferner ist festzusetzen, daß ein Verkauf von Gelände oder Gebäuder: nicht statt-haben darf, jedenfalls von der Zustimmung der Stadtgemeinde abhängig und außerdem der letzteren das Vorkaufsrecht eingeräumt ist, endlich ist die Generalversammlung zu ermächtigen, durch Majo-ritätsbeschluß mit Genehmigung der Stadtgemeinde auch den Ankauf und die Instandsetzung bereits bestehender Häuser in den Geschäfts-bereich der Gesellschaft zu ziehen.

2. Aufgabe der bisherigen Praxis des Vermiethens mehrerer Wohnungen oder des ganzen Complexes in eine Hand und eventuell

3. Einführung wöchentlicher Miethzinstermine.

Die ursprünglich gleichfalls aufgestellte Bedingung, daß die Baugesellschaft auf begründetes Verlangen des Stadtraths außer der Schwetzingervorstadt auch im Stadttheil jenseits Neckars und im Lindenhof Arbeiterhäuser zu erstellen habe, wurde nicht aufrecht erhalten.

Der Vorstand der Gesellschaft erklärte sich im Grundsatz sowohl mit den übrigen Bedingungen, als dem angebotenen Bauterrain einverstanden und veranlaßte die Detail-Bearbeitung des Bau-Projekts. Hierbei erfuhr das letztere im Interesse der Kostenminderung insofern eine wesentliche Erweiterung, als statt der ursprünglich geplanten 9 Häuser mit 72 Wohnungen nach der einen Variante 47 Gebäude (17 drei- und 30 zweistöckige) mit 120 Wohn-ungen, nach der anderen 42 Häuser (davon 18 drei- und 24 zweistöckig) mit 114 Wohnungen erstellt werden sollen. Trotz sorgfältigster Ausnützung aller Terrain- und baulichen Vortheile lieferte nun aber der Kostenvoranschlag das Ergebniß, daß zur Deckung der laufenden Ausgaben, sowie einer bescheidenen Verzinsung und Amortisation des Baukapitals die Miethzinsen derart bemessen werden müßten, daß sie von gewöhnlichen Tagarbeitern und ähnlichen, auf geringen Verdienst angewiesenen Leuten, aus welchen doch die Miether sich vorzugsweise rekrutiren sollten, nicht mehr aufgebracht werden könnten. Die Gesellschaft suchte darum eine Minderung des Jahresaufwandes einerseits durch Herabsetzung des Zinsfußes, andererseits durch Reduktion des Bau-kapitals zu erzielen. Sie unterbreitete in letzterer Beziehung dem Stadtrath das Ersuchen, es möchten städtischerseits die sämmtlichen Straßenkosten, sowie die Kosten für die Geländeauffüllung, die Herstellung der Wege und Spiel-plätze, der Anpflanzungen und Kanäle innerhalb des Bloblocks getragen werden.

Im Interesse des Zustandekommens des Unternehmens gab der Stadt-rath seine Bereitwilligkeit auch zu diesen weiteren Opfern zu erkennen.

Inzwischen waren von dem städtischen Tiefbauamt die Fluchten der das Bauterrain umgebenden Straßen festgestellt worden. Die dadurch etwas veränderte Form des Baublocks gestattete, ungeachtet des auf 15 526 qm verringerten Ausmaßes, verschiedene nicht unwesentliche Verbesserungen in der baulichen Ausnützung und Anordnung. So konnte das bisher geplante besondere Badehaus fallen gelassen und dafür je ein Bad in jedem Hause eingerichtet werden; wichtiger aber war die dadurch geschaffene Möglichkeit, statt der vorgesehenen 114 bezw. 120 Wohnungen auf dem gleichen Terrain deren 172 erbauen zu können. Nunmehr bezifferte sich das von der Gesell= schaft nach dem neuen Entwurf aufzubringende Baukapital auf rund 600 000 Mark und der voraussichtliche Jahresaufwand (5½ pCt. dieser Summe) auf ca. 33 000 Mark, was einem durchschnittlichen Miethswerth der einzelnen Wohnung von ca. 190—195 Mark gleichkommt, d. h. einem monatlichen Miethzins von 16 Mark. Die der Stadtgemeinde zur Last fallenden Kosten für Herstellung der Straßen, der Auffüllung ꝛc. wurden auf ca. 85 000 Mark ermittelt, wozu noch die schenkungsweise nachgelassene Hälfte des Kaufschillings mit 62 104 Mark und die übrigens ohnehin nicht ersatzpflichtigen Kosten der Entwässerung mit 32 000 Mark traten.

Im Februar 1895 endlich war die Angelegenheit derart gefördert, daß nur noch die Zustimmung des Bürgerausschusses zu den vom Stadtrathe beschlossenen Geländeabtretungen und baulichen Herstellungen erübrigte.

Kaum war — durch Vertheilung des stadträthlichen Druckvortrags an die Mitglieder des Bürgerausschusses und die hieran sich knüpfenden Er= örterungen in der Tagespresse — die Kenntniß von den beabsichtigten Maß= nahmen in die interessirten Kreise der Bevölkerung gedrungen, erhob sich eine heftige Agitation gegen dieselben, in deren Verlauf ebensowohl der Mangel an billigen und gesunden Arbeiterwohnungen, als die Zweckmäßigkeit der Er= stellung von solchen in größeren Gruppen, als auch die Gemeinnützigkeit des subventionirten Unternehmens bestritten wurde. Namentlich aus den Kreisen der Hausbesitzer wurden gegen die Vorlage große Bedenken geltend gemacht, indem dieselben auf die hieraus erwachsende Schädigung der kleinen Vermiether und die Konsequenzen einer Einmischung der Stadt in die wirthschaftliche Thätigkeit ihrer Bürger hinwiesen.

Der Stadtrath verhehlte sich keineswegs die Tragweite seines — zwar wenig populären — Vorgehens und hatte, obgleich er über die Berechtigung desselben nach wie vor außer Zweifel war, gegen die von Seiten des Stadt= verordneten=Vorstandes in der Bürgerausschußsitzung vom 12. Februar 1895 gestellten Anträge auf Vertagung der Beschlußfassung und Niedersetzung einer 16 gliedrigen, aus Stadträthen und Stadtverordneten aller Parteischattirungen und Berufsstände zusammengesetzten Kommission nichts einzuwenden, — über= zeugt, daß ein näheres Eingehen auf die Frage die Richtigkeit seiner Stellung= nahme bestätigen werde.

Die demgemäß konstituirte Kommission suchte ihrer Aufgabe, der näheren Berathung der Sache und Veranstaltung weiterer Erhebungen, in einer Reihe von Sitzungen gerecht zu werden. Zunächst veranlaßte sie die „Gemeinnützige

Baugesellschaft" zur Vorlage genauer Pläne über ihr Bauvorhaben, ferner einer Berechnung über die voraussichtlichen Miethszinssätze und anschließend hieran eines approximativen Finanzplans über das ganze Unternehmen.

Inhaltlich dieser Nachweisungen sollten für eine Wohnung von zwei Zimmern und Küche nebst Zubehör im I., II. und III. Stock M. 17.50, im Dachstock M. 14.—, für eine solche von drei Zimmern und Küche im I., II. und III. Stockwerke M. 24.—, im Dachgeschoß M. 17.50 pro Monat in Berechnung kommen. Für das Aktienkapital der Gesellschaft ergab sich günstigsten Falls eine Verzinsung von 3 pCt.

Da von einer Seite der Mangel an guten und nicht zu theueren Wohnungen für die arbeitenden Klassen fortgesetzt bestritten wurde, bewirkte die Kommission durch die — vermöge ihres Berufes mit den bestehenden Verhältnissen genau vertrauten — Armenkontroleure eine umfassende Aufnahme über die durchschnittliche Beschaffenheit und Preislage der kleineren Wohnungen. Aus diesen Erhebungen, welche sich auf je zwanzig Wohnungen mit einem Zimmer ohne Küche, zwei Zimmern ohne Küche, einem Zimmer mit Küche und zwei Zimmern mit Küche in den verschiedensten Stocklagen und in allen Stadttheilen erstreckten, resultirte, daß Wohnungen der ersten Gruppe im Durchschnitt M. 8 bis M. 9, der zweiten M. 14, der dritten M. 12 bis M. 13 und der vierten Gruppe M. 23 pro Monat kosten, gleichwohl aber fast durchgehends das Prädikat: „dunkel", „schlecht zu lüften", „feucht" verdienen, also Mängel zeigen, welche den Werth der Wohnung beeinträchtigen, ohne gerade zu polizeilichem Einschreiten herauszufordern.

Einen höchst beachtenswerthen Beitrag zur Beurtheilung der Bedürfniß= frage lieferte ferner ein, auf Veranlassung des Ortsgesundheitsraths von einer Subkommission dieses Kollegiums erstattetes Gutachten vom August 1895, dessen Wortlaut wir nachstehend folgen lassen:

I. Ist zur Regelung der Arbeiterwohnungsfrage die Mithilfe der Gemeinde nöthig?

Wenn in einem Dorf oder Landstädtchen einzelne oder auch mehrere Arbeiter schlecht und ungesund wohnen und die Männer nach des Tages schwerer Arbeit ein abstoßendes Heim finden und sich deßhalb mehr im Wirthshaus aufhalten, um dem häuslichen Elend aus dem Wege zu gehen — so ist dies gewiß sehr traurig und oft genug für die ganze Familie verhängnißvoll.

Aber solche vereinzelte Fälle haben noch keinen Einfluß auf die allgemeine öffentliche Gesundheit ihres Wohnorts.

Ganz anders aber gestaltet sich dieselbe Sache in den großen Industriestädten, wenn die ungesund und zu eng wohnenden Arbeiter nach Tausenden zählen, wenn gar der schlimmste Feind der Arbeiter, die Wohnungsnoth eintritt.

Dann hilft weder guter Lohn, noch gute Nahrung und Kleidung. Dem Un= geheuer „Wohnungsnoth" gegenüber ist auch die bestveranlagte Arbeiterfamilie meist physisch und moralisch verloren.

Schon in gewöhnlichen Zeiten macht sich diese traurige Thatsache in der Statistik der Krankheiten und Todesfälle, der leichten Delikte und wirklicher Ver= brechen geltend.

Die Sterblichkeitsziffern der Städte steigen und fallen mit der Dichtigkeit ihrer Arbeiterbevölkerung, mit dem Vorherrschen der Miethskasernen, z. B.:

Es entfielen:

	Bewohner auf 1 Haus,	Sterbefälle auf 1000 Einwohner
in London	8	23
„ Berlin	32	25
„ Paris	35	28
„ Petersburg	52	41
„ Wien	55	47

Also je mehr Bewohner auf ein Haus kommen, desto größer ist die Sterblichkeit.

Auch speziell für Arbeiterhäuser sind solche Beweise in Menge da. Zum Beispiel in Kopenhagen betrug die Sterblichkeitsziffer in den Bezirken der dortigen Baugesellschaft 18,1, während sie für Kopenhagen überhaupt 24,6 beträgt.

Mannheim war, bevor es Industriestadt wurde, trotz Sümpfen und Malaria, aber Dank seiner luftigen Bauart, eine der gesündesten deutschen Städte. Jetzt sind nicht nur unsere größeren Nachbarstädte Karlsruhe, Frankfurt, Basel, Stuttgart, sondern auch viele Großstädte, wie Berlin, London, Paris, Brüssel, Amsterdam und andere, gesünder als unsere Stadt.

Nachdem nun durch Trockenlegung der Sümpfe, gutes Trinkwasser, Kanalisation und gute Straßenreinigung das Bestmögliche zur Assanirung in der Stadt geschehen war, bleibt zur weiteren Besserung der Sterblichkeitsziffer in erster Linie die Beseitigung der Arbeiterwohnungsnoth und der ungesunden Miethskasernen übrig, unserer Stadtverwaltung aber die ernste Pflicht, schon jetzt, in ruhigen, normalen Zeiten, die Initiative zu ergreifen.

Denn am schlimmsten machen sich solch' traurige Wohnungsverhältnisse bei Epidemien geltend. Für gute, passende Nahrung, Kleidung, Desinfektion 2c. kann auch bei dem, in Industriestädten zumeist sehr entwickelten Wohlthätigkeitssinn leicht in wenigen Tagen gesorgt werden.

Die Schädlichkeiten der ungesunden und zu engen Wohnungen aber sind meist beim besten Willen nicht zu ändern, sondern sie bestehen fort, und geben dem Wachsthum und der Fortdauer der, die ganze Stadt gefährdenden Epidemie immer neue Nahrung, wie dies von der letzten Hamburger Cholera-Epidemie hier noch in aller Gedächtniß ist.

Solchem Unglück kann aber nur vorgebeugt werden durch Regelung der Arbeiterwohnungsfrage, schon in ruhigen, normalen Zeiten und genügt dazu nicht ein Zusammenwirken von Arbeitgeber und Arbeitervereinen, sondern es ist hiezu die aktiver Mithilfe der Gemeinde nöthig.

Seitdem diese Nothwendigkeit der Gemeindemithilfe von Miquel vor 8 Jahren zuerst auf dem Frankfurter Hygienischen Kongresse nachgewiesen wurde, ist dieselbe nicht mehr von der Tagesordnung der jährlichen Kongresse verschwunden und immer mehr anerkannt worden

Die Mithilfe der Gemeinde kann sich nach 3 Seiten hin sehr wirksam geltend machen:

1. Durch strenge Beaufsichtigung der Neubauten besonders in hygienischer Beziehung.
2. Durch Herstellen von billigen, kleinen Wohnungen für städtische Arbeiter, schon als gutes Beispiel für Staat, Eisenbahndirektionen und Großindustrielle
3. Durch Unterstützung aller Genossenschaften, welche denselben guten Zweck verfolgen, billige und gesunde Wohnungen für Arbeiter herzustellen, durch theilweisen oder gänzlichen Erlaß der Straßenbau- und Auffüllungskosten.

Grundsätzlich abgelehnt wird Mithilfe der Gemeinde besonders von den Haus-

besitzer=Vereinen (z. B. Berlins), welche ein Sinken der Häusermiethe dadurch be=
fürchten. Diese Befürchtung ist richtig und ist dies ja der Zweck „der ganzen wohl=
thätigen Unternehmung", gesunde Wohnungen zu einem, auch dem einfachen Arbeiter
erschwinglichen Preis zu verschaffen.

Die Häusermiethen müssen aber, wie alle künstlich zu hoch geschraubten Renten,
wieder einmal fallen; keinesfalls darf aber die Gemeinde, um einer Minderzahl von
Hausbesitzern hohe Häuserrenten zu erhalten, ruhig zusehen, wie Tausende von
Arbeiterfamilien schweren Schaden leiden.

Auch von Seiten einiger Arbeiterführer wird die Mithilfe der Gemeinde nicht
unterstützt in der Befürchtung, der Arbeiterstand würde dadurch an seiner Unab=
hängigkeit Einbuße erleiden. Diese Befürchtung ist aber unbegründet, da die
Selbstständigkeit der Arbeiter durch richtige Organisation und Statuten sehr leicht
erhalten werden kann und erhalten werden muß.

Wir glauben nach alledem also den Grundsatz und die hygienische Forderung
aussprechen zu müssen, daß die Mithilfe der Gemeinde in der Arbeiterwohnungsfrage
mit drohender oder vorhandener Wohnungsnoth eintreten muß.

II. Wir kommen nun zur zweiten Frage:

Besteht Wohnungsnoth hier in Mannheim?

Wenn man nun glaubt, diese wichtige Frage einfach dadurch abthun zu können,
daß man eine Anzahl leerstehender, gesunder Arbeiterwohnungen aufzählt, so ist dies
ein großer Irrthum.

Die Frage muß vielmehr lauten:

Sind hier genügend gesunde Wohnungen zu einem für den Arbeiter erschwing=
baren Preis zu haben?

Für ungesund halten wir aber eine Arbeiterwohnung, wenn

1. in demselben Raum gekocht, gewaschen und geschlafen werden muß,
2. auf eine erwachsene Person weniger als 12 Kubikmeter und auf ein Kind
   weniger als 6 Kubikmeter Luft kommen, ohne daß dieser Luftmangel durch
   außergewöhnlich gute Ventilation ausgeglichen ist, endlich
3. die auch durch das Gesetz verbotenen Kellerwohnungen und den ebenfalls
   schon sittenpolizeilich beanstandeten Belag von Schlafräumen.

Es sind dies gewiß sehr bescheidene Anforderungen und weit entfernt von den
praktisch nicht erreichbaren Utopien, wie solche früher manchen Versammlungen und
Schriftstellern vorgeschwebt haben.

Solange aber sogar diese bescheidenen Anforderungen nicht erfüllt sind, so
lange (abgesehen von Wörishoffers vielleicht zu schwarzen Schilderungen) Mieths=
kasernen, wie die sog. Spinnerei, Ritterburg u. a hier bestehen; so lange auch die
kleine Statistik des hiesigen Wöchnerinnenasyls, wonach unter 340 Familien 211
Familien nur ein Zimmer hatten, nicht widerlegt ist, so lange ferner die Preise der
Arbeiterwohnungen im Allgemeinen derart hoch geschraubt sind, daß der Kubikmeter
der geringsten, engsten Arbeiterwohnung anderthalbmal so theuer ist als der Kubik=
meter guter, geräumiger Arbeiterwohnungen; so lange endlich der Kubikmeter in den
Arbeiterwohnungen überhaupt viel theurer bezahlt werden muß, als in den Wohnungen
der Wohlhabenden — so lange ist hier für den Arbeiter Wohnungsnoth vorhanden
und ist die Gemeinde nicht nur aus humanitären, sondern auch aus hygienischen
Gründen verpflichtet, helfend einzugreifen.

III. Wie soll die Gemeinde helfend einschreiten?

Die Arbeiterwohnungsfrage darf nicht einseitig hygienisch gelöst werden, wie
früher schon vergeblich versucht wurde und zu der Errichtung der sogenannten Arbeitervillen
geführt hat. Sie ist zugleich eine eminent wirthschaftliche Frage und müssen wir den

wichtigsten Theil derselben, die Frage der Geldbeschaffung von unserem Gutachten ausschließen und nur unsere hygienischen Forderungen präzisiren.

Dieselben bestehen wesentlich in:

1. Theilweiser oder gänzlicher Befreiung von Straßen- und Auffüllungskosten durch die Gemeinde für alle Gesellschaften, welche auf die unter 2 genannten Bedingungen eingehen und sich der Kontrole der unter 2 erwähnten Aufsichtskommission unterziehen. Die Höhe der Kostenbefreiung wird sich nach dem Grade der Garantien richten, welche die Bauenden dafür geben können, daß auch im Falle des Verkaufs oder der Vererbung die unter 2 genannten Bedingungen fortbestehen.

Wenn sich zu diesen Bedingungen, wie voraussichtlich, genügend Offerten stellen, dürften weitere Konzessionen, wie an freiem Bauplatz u. dergl. unnöthig sein. Mit dieser Beschränkung müssen wir somit die in dem Sitzungsbericht des Ortsgesundheitsraths vom 6. Juli 1895 an uns gestellte, spezielle Frage, ob die Stadt das vorliegende Projekt der Gemeinnützigen Baugesellschaft begünstigen soll, bejahen.

2. Einsetzung einer städtischen Aufsichtskommission zur Kontrole aller mit der unter 1 genannten städtischen Subvention gebauten Arbeiterwohnungen. Diese Kontrole erstreckt sich auf gesundes Bauen, Festsetzung der Miethen und Verkaufspreise, Genehmigung aller Aftermiethen und Sorge für Erhaltung der Unabhängigkeit der Arbeiter von Hauseigenthümern oder Verwaltern u. A.

Zweifellos wird diese, ob dauernd oder vorübergehend eingeführte hygienische Maßregel mehr oder weniger erhebliche Kosten verursachen.

Die wohlthätigen Folgen derselben aber werden sich zunächst im Leerstehen der ungesunden Wohnungen und Sinken der Miethpreise der kleinen Arbeiterwohnungen — für die Folge aber in besseren Gesundheitsverhältnissen zunächst der Arbeiter und später auch der ganzen Stadt segensreich geltend machen.

gez. Dr. Döpfner (Armen- und Stadtarzt),
„ Dr. Stehberger (dirigirender Arzt des städtischen allgemeinen Krankenhauses),
„ Dr. Elsässer (Armen- und Stadtarzt),
„ Emil Fischer (Gr. Bezirksarzt I.),
„ Voß (Architekt und Wohnungskontroleur).

Dieser Auslassung schloß sich das Plenum des Ortsgesundheitsraths rückhaltlos an, begrüßte zugleich das Unternehmen der „Gemeinnützigen Baugesellschaft" als einen wichtigen Schritt zur Besserung und billigte die Baupläne mit unbedeutenden Aenderungsvorschlägen.

Auch die gemischte Kommission stimmte darauf dem Bau- und Finanzierungsprojekte der Baugesellschaft in allen Punkten zu, während sie zu der dermaligen Organisation der Gesellschaft verschiedene Abänderungen in Vorschlag zu bringen hatte, durch welche die Gemeinnützigkeit des Unternehmens dauernd sichergestellt und der Stadtgemeinde eine weitgehende Einwirkung an Bestand und Verwaltung der Gesellschaft eingeräumt werden sollte.

Das Ergebniß all' der geschilderten Erhebungen und Erwägungen überzeugte die Mehrheit der Kommission, daß das beabsichtigte Unternehmen der Unterstützung durch die Gesammtheit würdig und bedürftig sei, weshalb sie schon in der Sitzung vom 5. Oktober 1895 mit fünf gegen drei Stimmen sich dahin aussprach), es sei der stadträthliche Beschluß aufrecht zu erhalten, wonach der „Ge= meinnützigen Baugesellschaft" zur Errichtung der 172 Arbeiterwohnungen im „Wiesengewann" eine Beihülfe von insgesammt 147 299 Mark zu gewähren sei.

Zwei aus der Mitte der Kommission gestellte abweichende Anträge, der eine dahingehend, es solle :

a) das Gelände statt auf M. 8.— nur auf M. 4.— geschätzt und zu diesem Preise auch verkauft und

b) der große freie Platz mit Baumanlagen innerhalb der projektirten Häusergruppe überhaupt nicht verkauft, sondern als öffentlicher Platz im städtischen Eigenthum belassen werden

und der zweite allgemein dahingehend :

es solle die in Aussicht genommene Subvention der Stadtgemeinde von M. 147 299.— auf M. 100 000.— herabgemindert werden,

waren schon vorher auf Grund näherer Prüfung abgelehnt worden.

Was nun die von der „Gemeinnützigen Baugesellschaft" als Aequivalent für die städtischen Leistungen zu übernehmenden Garantien betraf, so war die gemischte Kommission der Ansicht, daß in dieser Richtung erheblich über die ursprüngliche stadträthliche Vorlage vom 12. Februar 1895 hinausgegangen werden müsse, und daß die von diesem Gesichtspunkt aus festzusetzenden gegen= seitigen Rechte und Pflichten der Stadtgemeinde und Gesellschaft nach dem Vorbilde anderer Städte gleich von vornherein in die Form eines bestimmten Vertrags gebracht werden sollten.

Auf dieser Grundlage entstand als Ergebniß eingehender Berathungen der nachfolgende Vertragsentwurf, mit dem sich auch der Aufsichtsrath der Baugesellschaft einverstanden erklärte :

§ 1.

Zur Erstellung von 18 Gebäuden mit 172 gesunden und billigen Arbeiterwohnungen nach Maßgabe des vorliegenden Situationsplans tritt die Stadtgemeinde an die „Gemein= nützige Baugesellschaft" dahier das erforderliche Gelände im Gewann „Wiesengewann" im Flächengehalt von circa 15 526 qm., dessen Werth von der stadträthlichen Schätzungskom= mission auf M. 8.— pro qm tarirt ist, zum Preise von M. 4.— pro qm, somit zu M. 62 104.— käuflich zu Eigenthum ab.

Außerdem verpflichtet sich die Stadtgemeinde, die Herstellungskosten für die vier, das Baugelände umziehenden Straßen mit zusammen M. 71 000.— woran bei Anwendung des Ortsstraßengesetzes die gemeinnützige Baugesellschaft M. 58 410.— beizutragen hätte, ganz auf die Stadtkasse zu übernehmen.

Endlich übernimmt die Stadtgemeinde noch folgende, durch den Bau der Eingangs genannten Arbeiterwohnungen nothwendig werdenden Kosten auf die Stadtkasse:

1 Auffüllung	.	.	.	.	M.	8625.—
2. Herstellung eines Spielplatzes mit Wegen	.	M.	8160.—
3. Anpflanzungen und Kanäle	.	.	.	M.	10000.—

zusammen M. 26785.—

Die Gesammtleistungen der Stadtgemeinde zu dem Unternehmen der „Gemeinnützigen Baugesellschaft" beziffern sich hiernach auf M. 147 299.—

§ 2.

Die in § 1 erwähnten 172 Wohnungen, welche auf dem zu bebauenden Gelände errichtet werden sollen, vertheilen sich auf die in Aussicht genommenen Gebäude wie folgt:

Gruppe A.

12 Gebäude mit. . . . . . 72 Wohnungen
zu je 2 Zimmern,
Küche und Zubehör.

Gruppe B.

2 Gebäude mit. . . . . 32 Wohnungen
zu je 2 Zimmern,
Küche und Zubehör.

Gruppe C.

2 Gebäude mit. . . . . 32 Wohnungen
zu je 3 Zimmern,
Küche und Zubehör.

Gruppe D.

1 Gebäude mit. . . . 8 Wohnungen
zu je 3,
sowie mit . . . 8 Wohnungen
zu je 2 Zimmern,
mit Küche und Zubehör.

Gruppe E.

1 Gebäude mit. . . 8 Wohnungen
zu je 3,
und mit . . . 12 Wohnungen
zu je 2 Zimmern,
mit Küche und Zubehör.

Zusammen wieder
in 18 Gebäuden . . . . . 172 Wohnungen.

Jedes Haus enthält außer den nöthigen Kellerantheilen einen für sämmtliche Be=
wohner gemeinschaftlichen Baderaum und eine Waschküche.

Ergibt sich während der Bauausführung die Nothwendigkeit, die Zahl einer der oben
beschriebenen Wohnungsarten oder die Gesammtzahl der Wohnungen um mehr als 10 pCt.
zu ändern, oder Aenderungen in der Bestimmung der vorgesehenen Räume eintreten zu lassen,
so ist hierzu die Zustimmung des Stadtraths einzuholen.

§ 3.

Die „Gemeinnützige Baugesellschaft" verpflichtet sich, die in § 1 und 2 erwähnten
Bauten innerhalb spätestens 2 Jahren, nach der erfolgten Genehmigung dieses Vertrages
durch den Bürgerausschuß, in Angriff zu nehmen und sämmtliche projektirten Gebäude inner=
halb längstens 10 Jahren von genanntem Zeitpunkte ab zu vollenden.

Der Bau hat nach Maßgabe der dem Stadtrath bereits vorgelegten Spezialbaupläne
vom September=Oktober 1894 zu erfolgen.

Was die Miethzinsen betrifft, so sind die in besonderem Verzeichnisse aufgestellten
und dem von der Gesellschaft ausgearbeiteten Finanzplan zu Grunde gelegten Miethpreise
für die „Gemeinnützige Baugesellschaft" insofern bindend, als spätere Erhöhungen derselben
nur mit Genehmigung des Stadtraths zulässig sind.

§ 4.

Die „Gemeinnützige Baugesellschaft" verpflichtet sich, einen Verkauf von Gelände oder
Gebäuden nicht ohne Zustimmung der Stadtgemeinde vorzunehmen; außerdem wird der
Stadtgemeinde nicht nur das Vorkaufsrecht, sondern das jederzeitige Ankaufsrecht gegen
Uebernahme der noch nicht amortisirten Bauschuld (Anlehensschuld) und der sonstigen aus

dem Vertrag entstandenen Verpflichtungen der Gesellschaft, insbesondere auch deren Verwaltungsausgaben eingeräumt.

§ 5.

Die „Gemeinnützige Baugesellschaft" verpflichtet sich, die bisherige Praxis des Vermiethens mehrerer oder aller Wohnungen in eine Hand aufzugeben und soweit irgend thunlich, wöchentliche Miethstermine einzuführen.

§ 6.

Der Gesellschaftsvertrag (Statut) der „Gemeinnützigen Baugesellschaft" ist in be nachstehend verzeichneten Richtungen einer Aenderung zu unterziehen:

1. In § 8 Absatz 2, wonach die Gesellschaftsmitglieder auf jeden Gewinn verzichten, der den landesüblichen Zinsfuß überschreitet, sind hinter Zinsfuß die Worte einzuschalten: „und jedenfalls den Satz von höchstens 3½ pCt."

2. Die Zwecke der Gesellschaft sind im Statut dahin zu erweitern, daß durch Majoritätsbeschluß der Generalversammlung mit Genehmigung der Stadtgemeinde auch der Ankauf und die Instandsetzung bereits bestehender Häuser in den Geschäftsbereich der Gesellschaft gezogen werden können.

3. § 10 c., lautend:

   „Der (nach Bestreitung der laufenden Ausgaben und Auszahlung der Divi-
   „denden verbleibende) Rest fällt in den Reservefond; dieser wird außerdem
   „dotirt mit 5 pCt. des Betrags der ausgegebenen Antheilscheine (Aktien)"
   wird einer Aenderung im Sinne des Artikel 185 b Ziff. 1, 239 b des allgemeinen Deutschen Handelsgesetzbuches bedürfen, wonach von dem jährlichen Reingewinn mindestens der zwanzigste Theil solange, als der Reservefonds den zehnten oder den im Gesellschaftsvertrage bestimmten höheren Theil des Gesammtkapitals nicht überschreitet, an den Reservefond abzuführen ist.

4. Dem § 10 b, lautend:

   „. . . . . Der Zinsfuß der Antheilscheine wird jeweils auf Antrag des Auf-
   „sichtsraths durch die Generalversammlung bestimmt. Außer dem landes-
   „üblichen Zins für das betreffende Jahr kann, je nach den Einnahmen, auch
   „eine Zinsenergänzung für vorhergegangene Jahre, in denen der landesübliche
   „Zinsfuß nicht erreicht worden, beschlossen werden,"
   ist am Schlusse hinter den Worten „beschlossen werden" beizufügen:
   „jedoch nicht auf länger als drei Jahre zurück und höchstens bis zu 3 pCt.
   „für je ein Jahr."

5. Für den Fall der Auflösung der Gesellschaft ist die Bestimmung zu treffen, daß die von der Gesellschaft auf Grund dieses Vertrags errichteten Gebäude einschließlich des Grund und Bodens von der Stadtgemeinde zu Eigenthum übernommen werden können und zwar nach Wahl der Letzteren entweder gegen Uebernahme der noch zu Buch stehenden Bauschuld und Rückzahlung der Antheilscheine, oder, falls die Summe dieser Beträge geringer sein sollte, gegen Bezahlung des auf Grund besonderer Schätzung zu ermittelnden Kaufwerthes der Gebäude.

   Diese Schätzung hat durch eine Kommission zu geschehen, bestehend aus drei Sachverständigen, von welchen der erste durch die Stadtgemeinde, der zweite durch die „Gemeinnützige Baugesellschaft" und der dritte als Obmann durch Wahl dieser beiden Sachverständigen, oder falls diese sich nicht einigen können, durch das Gr. Bezirksamt ernannt wird.

   Das Gelände darf dabei jedenfalls nur zu dem Preise veranschlagt werden, zu welchem es s. Z. von der Stadtgemeinde an die „Gemeinnützige Baugesellschaft" verkauft worden ist; außerdem ist bei der Schätzung der Werth der übrigen s. Zt. von der Stadtgemeinde geleisteten Zuschüsse, soweit derselbe z. Zt. der Uebernahme auf die Gestaltung des Kaufwerths von Einfluß ist, von diesem Letzteren in Abzug zu bringen.

6. Die Bestimmung in § 24 Ziffer 2 des Statuts, lautend:

„im Falle der Auflösung darf der etwaige Ueberschuß nicht vertheilt, sondern
„muß zu einem gemeinnützigen Zweck, dessen Bestimmung der Generalver=
„sammlung vorbehalten bleibt, verwendet werden,"

ist dahin zu erweitern, daß nicht nur im Falle der Auflösung der Gesellschaft,
sondern überhaupt etwaige Ueberschüsse lediglich nach Beschluß der Generalver=
sammlung entweder zum Bau neuer Häuser oder zur rascheren Schuldentilgung,
oder zur Erstellung anderweitiger gemeinnütziger Einrichtungen Verwendung finden
dürfen.

§ 7.

Die Stadtgemeinde verpflichtet sich, für den Betrag des Geländekaufpreises von M.
62 104.— (vgl. § 1) Aktien der „Gemeinnützigen Baugesellschaft", an Zahlungsstatt zu über=
nehmen, um hierdurch sich in der Verwaltung der Gesellschaft einen dauernden Einfluß zu
sichern.

§ 8.

Die Gesellschaft ist verpflichtet, über das ganze vorliegende Unternehmen geordnete
Buchhaltung und Rechnung zu führen und dem Stadtrath die jederzeitige Einsichtsnahme
der auf das Unternehmen bezüglichen Bücher und Schriftstücke zu gestatten.

In der Schlußabstimmung der gemischten Kommission, an welcher sämmt=
liche Mitglieder sich betheiligten, ergaben sich für eine Subventionirung der
Baugesellschaft in der beantragten Form und Höhe 10 Stimmen, für eine
geringere Subvention 2 Stimmen und gegen eine Unterstützung überhaupt
4 Stimmen. Die von der Baugesellschaft zu leistenden Garantien nach Maß=
gabe des Vertragsentwurfs wurden von sämmtlichen 16 Mitgliedern für
genügend erachtet.

Nunmehr wiederholte der Stadtrath zur Sitzung des Bürgerausschusses
vom 11. Februar 1896 den früher gestellten Antrag auf Genehmigung des
Vertrages und Uebernahme der dort in § 1 bezeichneten Leistungen auf die
Stadtgemeinde. Die darauf in der Presse und in Versammlungen entfaltete
Polemik gegen das Vorhaben war noch lebhafter als im Vorjahr. In der Unter=
stützung der gemeinnützigen Baugesellschaft erblickte man eine die Interessen der
Hausbesitzer und Baugewerbetreibenden schwer schädigende Maßregel. Die
hauptsächlichsten Angriffe der Hausbesitzer und anderen Interessenten richteten
sich gegen die von der Baugesellschaft erwartete 3 — 3½ prozentige Renta=
bilität, welche das Unternehmen des Charakters des Gemeinnützigen voll=
ständig entkleide. Es wurde vorgeschlagen, die Baugesellschaft möge statt der
Errichtung neuer Wohnungen die in großer Zahl leerstehenden gesunden
Wohnungen miethen und solche zu einem ermäßigten Preis, nach Lage der
Verhältnisse auch unentgeltlich an Angehörige der untersten Bevölkerungs=
klassen abgeben. Hiezu möge alsdann die Stadt eine entsprechende Summe
beisteuern.

In der Bürgerausschußsitzung vom 11. Februar 1896 wurde die stadt=
räthliche Vorlage vom Oberbürgermeister eindringlich befürwortet. Wo durch
die — die allgemeine Regel bildende — private Bauthätigkeit auf kapitalistischer
Grundlage das Wohnungsbedürfniß der ärmeren Volksschichten, wie dies hier=
selbst nach dem Ergebnisse der vorhandenen Erhebungen der Fall sei, nur in

unzureichender, bezw. unverhältnißmäßig kostspieliger Weise befriedigt werde, bestehe für den Arbeitgeber, den Staat und die Gemeinde die sozialpolitische Pflicht, der eintretenden Wohnungsnoth nach Kräften zu steuern. Dieselbe werde dadurch, daß durch Verbesserung und Verbilligung der Verkehrseinrichtungen den Arbeitern ermöglicht werde, ihren Wohnsitz in den benachbarten Landorten zu nehmen oder beizubehalten, nur zum kleinsten Theile gemildert. Es zeige sich hier sogar im Gegensatz zu den Verhältnissen anderer Industrieplätze die auffallende Thatsache, daß zahlreiche, in den Fabriken der umliegenden Gemeinden beschäftigte Arbeiter in Mannheim wohnen, obgleich am Beschäftigungsort billigere und näher gelegene Wohnungen zu haben seien. Um so weniger könne es dem in der Stadt beschäftigten Arbeiter verübelt werden, wenn er auch dort wohnen bleibe, wo er bessere Schulen, reichlichere Unterstützung in Nothfällen und sonst mancherlei Annehmlichkeiten genießen könne.

Die Pflicht der Arbeitgeber, für die Befriedigung des wichtigsten Bedürfnisses ihrer Arbeiter zu sorgen, gelte in erster Reihe für den Staat und die Gemeinde, in deren Dienste zahlreiche Personen beschäftigt seien. Es habe deshalb die Stadtgemeinde in Aussicht genommen, bei Errichtung neuer kommunaler Etablissements mit ständiger Arbeiterschaft mindestens für einen Theil der Arbeiter und Bediensteten gleichzeitig Wohnungen zu erstellen; auch werde noch geprüft werden, ob und inwieweit für die bereits vorhandenen städtischen Betriebe noch Wohnungen beschafft werden sollen.

Im vorliegenden Falle handle es sich allerdings nicht um die Erfüllung dieser Verbindlichkeit, in der die Gemeinde den privaten Arbeitgebern vorbildlich sein solle, sondern darum, ob die Stadtgemeinde als öffentliche Körperschaft, als die ausgebildete Organisation der örtlichen Selbstverwaltung in der Wohnungsfrage helfend, unterstützend, fördernd eingreifen solle, wie dies bisher schon bezüglich verschiedener Zweige der sozialen Fürsorge (Beschäftigung Arbeitsloser, Errichtung von Volksbädern, Gewährung von Frühstück u. a.) geschehen sei. Da mangels ausreichender Einnahmen aus dem eigenen Vermögen die Gemeinde zur Bethätigung dieser sozialen Fürsorge der Beiträge der Gemeindebürger in Form der Umlage bedürfe, seien dem Eintreten der Gemeinde in der Wohnungsfrage naturgemäß Schranken gesetzt. Einerseits müsse ein Bedürfniß hierzu nachgewiesen sein, andererseits dürfe den steuerzahlenden Hausbesitzern und Bauunternehmern keine unnöthige Konkurrenz bereitet werden. Die erstere Frage sei vom Stadtrath bejaht, eine nachtheilige Konkurrenz dagegen beabredet worden.

Trotz der augenscheinlich geringen Aussichten für den stadträthlichen Antrag sei dieser eingebracht worden, insbesondere mit Rücksicht darauf, daß seit 1867 bereits dreimal unter jeweiliger Hervorhebung des humanitären Charakters der Baugesellschaft und unter ausdrücklicher Betonung der für die Gemeinde bestehenden Pflicht zur Unterstützung eines solchen Unternehmens von Gemeindeverwaltungen der verschiedensten politischen Richtungen Geländeabtretungen an die Baugesellschaft um unverhältnißmäßig billigen Preis jeweils einhellig genehmigt worden seien. Die nunmehr zu erwartende Entscheidung des Bürgerausschusses werde eine Direktive bilden für das Verhalten des Stadtrathes gegenüber den wohl zu erwartenden ähnlichen Gesuchen anderer gleichartiger Körperschaften um pecuniäre Unterstützung.

Aus der nun folgenden Diskussion ergab sich die bestehende weitgehende Meinungsverschiedenheit über die vorliegende Frage. Von sämmtlichen Rednern wurde jedoch das Bestehen einer Wohnungsnoth theils ausdrücklich anerkannt, theils mittelbar zugegeben. Auch die Absicht des Stadtraths, für einen Theil der städtischen Arbeiter und Bediensteten Wohnungen zu erstellen, wurde mit Befriedigung aufgenommen.

Dagegen begegnete der vorgeschlagene Weg zur Abhülfe des Wohnungs= mangels vielfachen Anfechtungen. Einige Redner erblickten eine wirkliche Ab= hülfe lediglich in der Verbesserung der Lohnverhältnisse, welche den Arbeiter befähige, einen größeren Betrag für seine Wohnung aufzuwenden. Andere befürchteten aus dem Unternehmen eine ungesunde Konkurrenz für die vielfach ihrer gedrückten Lage halber zur Verbesserung ihrer Miethsräume unfähigen kleinen Hausbesitzer und empfahlen, diese letzteren zwecks Herstellung gesunder Wohnungen mit städtischen Mitteln zu unterstützen. In dieser Richtung fehlte es nicht an den verschiedenartigsten Vorschlägen, die u. A. dahin gingen, es mögen finanziell bedrängten Hauseigenthümern zwecks Verbesserung ihrer Mieth= wohnungen Kapitalien zu billigem Zinsfuß und günstigen Amortisations= bedingungen dargeliehen, auch zur Aufbringung der Hausentwässerungskosten thunlichste Beihilfe geleistet werden. Des Ferneren wurde angeregt, den= jenigen Betrag, mit welchem nach dem stadträthlichen Antrag die Einzel= wohnung der gemeinnützigen Baugesellschaft subventionirt werden wolle, nämlich
$$\frac{147000}{172} = 850 \text{ Mk.}$$ jedem Besitzer verbesserungsbedürftiger Miethwohnungen als Umbauprämie zu gewähren. Die Meinung verschiedener Redner fand in folgendem, schriftlich eingebrachten Antrage Ausdruck:

„Es sei der Wohnungsnoth dadurch abzuhelfen, daß dem Bau= unternehmer, welcher Arbeiterwohnungen baut, von der Stadt die Straßenkosten erlassen werden. Ort, Bauplan 2c. unterliegen der vorherigen Genehmigung des Stadtraths."

Ferner wurde behauptet, die Gemeinnützige Baugesellschaft habe ihre Bereigenschaftung zur Abhülfe bestehender Uebelstände bisher nicht dargethan, die vorhandenen Wohnungen derselben seien vielmehr nicht besser, als jene der überberufensten Miethskaserne. Auch der Umstand wurde hervorgehoben, daß die projektirten Wohnungen meist von Arbeitern der auf der anstoßenden Neckarauer Gemarkung befindlichen Fabriken, bezüglich welcher der Stadt= gemeinde keinerlei Nutzen zugehe, benützt werden würden, während die hier beschäftigten Arbeiter von denselben zufolge ihrer abgelegenen Lage keinen Gebrauch machen könnten.

Zu Gunsten der stadträthlichen Vorschläge wurde auf das thatsächliche Vorhandensein einer Unzulänglichkeit an kleinen und gesunden Wohnungen, die Nothwendigkeit, der gemeinnützigen Bauthätigkeit durch den vorliegenden Versuch einen kräftigen Impuls zu geben, sowie auf den Umstand hingewiesen, daß die Unterstützungsbedürftigkeit des in Frage stehenden Bauvorhabens in der von Privatunternehmern nicht beliebten, weiträumigen Bauweise ihren Grund habe. Hiedurch bleibe aber der größere Theil des Geländes unproduktiv und es würden die Straßenkosten wesentlich erhöht, wenn auch durch diese Bauweise die gesundheitlichen Interessen wesentlich gefördert würden.

Bei der hierauf erfolgten namentlichen Abstimmung sprachen sich 39 Stimmen f ü r und 57 Stimmen g e g e n den stadträthlichen Antrag aus, so daß dieser mit namhafter Mehrheit verworfen wurde.

———————

Noch während die Verhandlungen wegen Ausführung des neuen Bauprojektes der „Gemeinnützigen Baugesellschaft" schwebten, trat dahier eine zweite Vereinigung an die Oeffentlichkeit, welche sich die Aufgabe stellte, an der Lösung der Wohnungsfrage auf genossenschaftlicher Basis mitzuarbeiten. Hierfür sollten die gleichen Vergünstigungen seitens der Stadtgemeinde, wie sie der „Gemeinnützigen Baugesellschaft" in Aussicht gestellt waren, in Anspruch genommen werden.

Für die Idee, daß die Gründung von Baugenossenschaften der geeignetste, bezw. allein gangbare Weg zur Besserung der hiesigen Arbeiterwohnungsverhältnisse sei, ist schon in den Jahren 1892/93 der evangelische Arbeiterverein hierselbst eingetreten. Als Ausfluß der Bemühungen desselben kann das Zustandekommen einer eingetragenen Genossenschaft mit beschränkter Haftpflicht unter dem Namen „Spar= und Bauverein Mannheim" angesehen werden, welcher sich im Januar 1895 dahier konstituirte. Dieselbe stellte sich die Aufgabe, innerhalb der Stadt nach dem Vorbild des „Spar= und Bauvereins" zu Hannover vierstöckige Häuser mit je 8 Wohnungen, außerhalb der Stadt dagegen Zwei= und Einfamilienhäuser mit Garten zu bauen, auch den Kauf vorhandener Baulichkeiten in den Kreis ihrer Thätigkeit zu ziehen. Sämmtliche Häuser sollten Eigenthum der Genossenschaft bleiben, jedoch nur an Genossen vermiethet werden und zwar auf unbeschränkte Dauer, sofern der Genosse seinen vertragsmäßigen und statutarischen Verpflichtungen nachkomme. Jeder Genosse sollte einen wöchentlichen Beitrag von mindestens 30 Pfg. zu leisten haben, bis der Höchstbetrag seines Geschäftsantheils von M. 300.— erreicht war. Die Vereinigung von zwei bis fünf Antheilen zu je M. 300.— in der Hand eines Genossen war zulässig. Sobald hinreichende Mittel zum Erwerb eines Bauterrains vorhanden seien, solle mit dem Bau begonnen werden. Das zu letzterem selbst erforderliche Kapital sei im Wege der Anleihe zu beschaffen.

Die von den Genossen zu zahlenden Miethzinsen sollten durch den Aufsichts=
rath festgesetzt und nicht gesteigert werden können.

Das Statut der Genossenschaft datirte vom 25. Mai 1895; am
15. November 1895 wurde dieselbe zum Genossenschaftsregister des Großh.
Amtsgerichts Mannheim eingetragen.

Der Vorstand des „Spar= und Bauvereins" stellte mit Eingabe vom
17. Mai 1895 an den Stadtrath das Ersuchen, ihm zur Erbauung von
Miethhäusern ein oder mehrere näher bezeichnete städtische Grundstücke an
der Grenze des damaligen Bebauungsgebiets um billigen Preis zu überlassen.
Der Stadtrath erwiderte, daß dem Begehren, welchem er im Allgemeinen
wohlwollend gegenüberstehe, erst entsprochen werden könne, wenn der Bürger=
ausschuß zu der noch anhängigen Frage einer Unterstützung der „Gemein=
nützigen Baugesellschaft" endgültige Stellung genommen habe. Am 14. November
gleichen Jahres verlangte der Verein, welcher inzwischen mit dem Großh.
Domänenfiskus wegen Erwerb eines anderweitigen Bauterrains in Unterhand=
lung getreten war, die Planlegung desselben, Erstellung der Straße, Ent=
wässerung ꝛc. und gänzlichen oder theilweisen Nachlaß der Straßenkosten, in=
dem er zugleich sich verschiedenen eigenthumsbeschränkenden Bedingungen zu
unterwerfen zusagte.

Nachdem der Bürgerausschuß die stadträthlichen Anträge hinsichtlich
der „Gemeinnützigen Baugesellschaft" wiederholt abgelehnt hatte, glaubte der
Stadtrath dann auch von einer Förderung der Bestrebungen des Bauvereins
in irgend welcher Form vorerst ebenfalls absehen zu sollen.

Darauf kaufte der Bauverein den Bauplatz Viehhofstraße Nr. 4, worauf
er ein vierstöckiges Wohnhaus mit acht Wohnungen von je 3 Zimmern,
Küche, besonderem Abort, abgeschlossenem Vorplatz, Speicher= und Kellerantheil
erbaute. Die auf das Grundstück entfallenden Straßenkostenbeiträge für die
Viehhofstraße betragen M. 1775.70, wegen deren Nachlaß der Verein neuer=
dings vorstellig wurde.

Dieses Gesuch bildete in der Stadtrathssitzung vom 12. Februar 1897
Gegenstand der Berathung. Wie bei der grundsätzlichen Bedeutung der An=
gelegenheit nicht anders zu erwarten war, traten die alten Gegensätze hierbei
wieder zu Tage. Während mehrfach die Ansicht des Oberbürgermeisters Unter=
stützung fand, die Erstellung von Arbeiterwohnungen durch Körperschaften
und Private unter gewissen, die dauernde Verwendung als solche sichernden
und die spekulative Ausnützung verhindernden Vorbehalten städtischerseits thun=
lichst zu unterstützen, befürchtete man von anderer Seite daraus eine verhäng=
nißvolle Schädigung der Privatbauthätigkeit.

Die einem aktiven Vorgehen der Gemeinde günstige Meinung vermochte
wenigstens insoweit durchzudringen, als eine erneute Prüfung der Gesammt=
frage durch eine aus fünf — später sechs — Mitgliedern des Stadtraths
unter dem Vorsitze des Oberbürgermeisters gebildete Spezialkommission be=

schlossen wurde, bei deren Zusammensetzung, die verschiedenen Richtungen Vertretung fanden.

Der Spar- und Bauverein erhielt für die erwähnte Straßenkostenschuld einstweiligen Zahlungsausstand. Ein Kaufangebot desselben auf städtisches Baugelände im Gewann „Lange Rötter" konnte vorerst nicht verbeschieden werden.

———

Als Grundlage für die neuerlichen Verhandlungen und zur Information der Kommissionsmitglieder über die wichtige Materie übersandte der Oberbürgermeister denselben zunächst eine gedrängte Darstellung über die bisher in Betracht gezogenen Möglichkeiten einer städtischen Mitwirkung in der Wohnungsfrage mit folgendem wesentlichen Inhalte:

I. Die Erstellung billiger und kleiner Wohnungen in Mannheim kann durch die Gemeinde in folgenden Formen unterstützt werden:

1. Aktiengesellschaften, Genossenschaften oder Konsortien, sowie Einzelunternehmern, welche sich mit dem Bau und der Vermiethung kleiner Wohnungen befassen, wird das hierzu benöthigte Gelände städtischerseits zu ermäßigtem Preise überlassen;

2. die Stadtgemeinde gewährt den unter 1 genannten Unternehmungen völligen oder theilweisen Nachlaß der — sonst von den Angrenzern zu tragenden — Straßenkosten;

3. die Stadtgemeinde übernimmt außer dem Bau der öffentlichen — Orts — Straßen auch die Herstellung der innerhalb des Bauterrains erforderlichen Wege, Spielplätze, Anpflanzungen und dergleichen unter völligem oder theilweisem Nachlaß der Selbstkosten;

4. die Stadtgemeinde gewährt die ad 1 und 2, 1 und 3, 2 und 3, 1, 2 und 3 genannten Vergünstigungen nebeneinander;

5. die Stadtgemeinde überläßt das Baugelände nur pachtweise auf 50—100 Jahre zu einem billigen Pachtzinse.

Eine Förderung der Entstehung von gesunden und billigen Kleinwohnungen kann auch durch Maßnahmen der Gemeinde erzielt werden, durch welche dieselbe nicht unmittelbar finanziell belastet wird, wie beispielsweise:

Planlegung von Terrain außerhalb des jetzigen Bebauungsgebiets, welches durch örtliche Lage, Höhen- und Untergrundverhältnisse sich zur Erstellung von Wohnungen der bezeichneten Art eignet, Erschließung dieses Geländes durch Anlage von Straßen, Einführung der Wasserversorgung, Beleuchtung, durch Obsorge für Ausdehnung der Straßen und Nebenbahnen, Verbilligung der Straßenkosten durch einfachere Ausstattung der nicht dem Durchgangsverkehr dienenden sog. „Wohnstraßen", Erlassung, bezw. Erwirkung von Bauvorschriften, durch welche die weiträumige Bebauung gefördert, die Entstehung von Miethsekasernen, von Hinterhäusern, von Kellerwohnungen rc., die Ueberfüllung bestehender Wohnungen verhindert oder mindestens beschränkt wird.

Bei der Auswahl dieses Geländes würde in erster Reihe solches in Betracht kommen, welches sich im Besitze der todten Hand befindet.

———

Die materiellen Beihülfen der Stadtgemeinde müßten von mehreren, das Eigenthum beschränkende Vorbehalten zu Gunsten der Gemeinde abhängig gemacht werden. In dieser Beziehung ist vorgeschlagen:

1. Genehmigung der Baupläne und Miethzinsen durch den Stadtrath;
2. Einräumung des Rechts an die Stadtgemeinde, die Gebäude nebst Zubehör gegen Uebernahme der noch nicht amortifirten Bauschuld jederzeit an-
zukaufen, Vorbehalt der stadträthlichen Einwilligung zu einem anderweitigen
Verkauf von Gelände oder Gebäuden;
3. Ausschluß der Generalvermiethung, Einführung möglichst kurzfristiger
(wöchentlicher) Miethszahlungstermine;
4. Verzicht auf einen den landesüblichen Zinsfuß übersteigenden Gewinn, Verwendung der Ueberschüsse für gemeinnützige Zwecke;
5. geordnete Rechnungsführung, Berechtigung der Stadtgemeinde zu jeder-
zeitiger Kontrole derselben, wie der Geschäftsführung überhaupt;
6 Sicherung der dauernden Widmung der fraglichen Baulichkeiten als Arbeiter-
Wohnungen durch Eintrag im Grundbuch.

II. An Stelle der vorstehend skizzirten Art der Subventionirung ist von anderer
Seite vorgeschlagen:
1. Erlassung der Straßenkosten an alle diejenigen Bauunternehmer, welche
Arbeiterwohnungen in der vom Stadtrath genehmigten Lage und nach den
von ihm gutgeheißenen Bauplänen erstellen.

III. Ein dritter Vorschlag lautet:
1. Subventionirung aller Baugesellschaften und Genossenschaften in der Form
und unter den Vorbehalten, wie zu I vorgeschlagen;
2. Nachlaß der Straßenkosten für diejenigen privaten Bauunternehmer, die
innerhalb der nächsten fünf Jahre Wohnungen mit 2—3 Zimmern und
Küche unter städtischer Kontrole erstellen.

So erwünscht es auch erscheinen möchte, die Wohnungsnoth auch auf
dem Wege der Unterstützung einer Verbesserung der im Stadtinnern vorhandenen mangelhaften Miethshäuser zu bekämpfen, so mußte sich die vor-
stehende Uebersicht in Ermangelung ausführbarer Vorschläge auf diejenigen
Maßnahmen beschränken, welche die Förderung der Erstellung von Neubauten
bezwecken.

Ein in wesentlichen Punkten abweichendes, viel weitergehendes Programm entwickelt die nachfolgende, durch obige Darstellung veranlaßte Denkschrift eines den großindustriellen Kreisen angehörigen Kommissions- und
Stadtrathsmitgliedes, dessen vieljährige, in hervorragender Stellung gewonnene
Erfahrungen der Aeußerung einen besonderen Werth verleihen. Der Genannte
schreibt:

„Zu den schlimmsten und folgenschwersten Mißständen beim Heranwachsen
großer Städte gehört die Wohnungsnoth.

„Einer umsichtigen und fürsorgenden Stadtverwaltung, die Allem Vorschub
leisten muß, was einer erfprießlichen Vermehrung und Ausdehnung ihrer Gemeinde
förderlich ist, erwächst zugleich die Aufgabe, zeitig dem Mißstand der Wohnungsnoth
entgegenzutreten und mit erheblichen Opfern auf eine Verbesserung der Wohnverhältnisse der Minderbegüterten hinzuwirken.

„Meines Erachtens darf kein Privatunternehmer Leute zur Arbeit heran-
ziehen, mit dem Glauben, er habe Alles gethan, was ihm obliegt, wenn er den vereinbarten Lohn bezahlt hat; er hat moralische Pflichten, die weitergehen und die
ihm auferlegen, sich um das Wohlergehen seines Angestellten zu bekümmern und
namentlich nach Kräften für entsprechende Wohnungen zu sorgen.

„Unsere städtische Verwaltung ist Unternehmerin in großem Styl. Sie hat
nicht nur jetzt schon große Betriebe in Selbstverwaltung (Gas- und Wasserwerk,

Abfuhranstalt ꝛc.), für die Zukunft ist noch mehr vorgesehen und zudem begünstigen große Projekte das Anwachsen in Handel und Industrie, damit aber auch den Zuzug der arbeitsuchenden, mittellosen Bevölkerung.

„Angesichts der sehr verbesserungsbedürftigen Zustände, welche unsere Statistik bloslegt, ist es eine ganz unaufschiebbare Forderung, energisch die Herstellung von Arbeiterkolonien zu fördern, welche die jetzt übervölkerten Stadttheile entlasten und den mittellosen Arbeitern billige und gesunde Wohnungen bieten Diese Aufgabe für die Stadtverwaltung hat meines Erachtens dieselbe Dringlichkeit, wie die Erstellung eines Elektricitätswerkes oder die Ausführung des Industriehafens.

„Nach meinem Dafürhalten sollte die Stadtgemeinde ins Auge fassen, nach und nach die Hälfte der städtischen Arbeiter in städtischen Arbeiterwohnungen unter= zubringen; es sollte darauf hingewirkt werden, daß sich auch die hiesigen Industriellen, die bis jetzt wenig auf diesem Gebiet gethan haben, dem städtischen Unternehmen an= schließen. Dann würden sich gewiß auch eine Anzahl wohlhabender Bürger finden, die mit einem verhältnißmäßig geringen Opfer ihren mittellosen Mitbürgern die Lebensnoth erheblich erleichtern könnten.

„Für die praktische Ausführung würde ich die Vorbilder empfehlen, welche die Großindustrie geschaffen hat. So besteht eine Arbeiterkolonie auf dem Hemshof, die auf 140 000 qm Terrain 492 Familien mit 2900 Köpfen in 123 Häusern vereinigt; jede Familie hat einen Garten von 120 qm. Die Wohnhäuser sind Vier=Familien= wohnhäuser mit vollständig getrennten Wohnungen. Aehnliche Kolonien, die vor= bildlich dienen könnten, sind die Schöpfungen der Höchster Farbwerke in Höchst a. M. und namentlich die Krupp'sche Kolonie „Alfredsdorf" für 500 Wohnungen auf 197 000 qm Fläche.

„Die Stadtverwaltung sollte ins Auge fassen, nach dem Vorbilde der Krupp'= schen Kolonie eine Fläche von ca. 200 000 qm für die Erbauung von Arbeiterwohn= häusern zu bestimmen. Dieses Terrain sollte möglich hochliegend, außerhalb der Stadt liegend und mittelst einer städtischen Straßenbahn mit der Stadt ver= bunden sein.

„Der Plan für die Bebauung wäre von vornherein festzustellen und ebenso wären geeignete Vorschriften für die Ausführung der Wohnungen städtischerseits zu erlassen.

„Von diesem Terrain, in welchem die Stadt die Straßen, die Wasserbeschaffung und Abführung ꝛc. übernimmt, würde die Stadtverwaltung einen Theil für die städtischen Arbeiterwohnungen reserviren; einen anderen Theil würde sie an Private abgeben.

„Das abzugebende Terrain würde unter folgenden Bedingungen verkauft werden:

1. Nach 50 Jahren vom Tage des Kaufvertrages an hat die Stadtgemeinde das Recht, das verkaufte Terrain mit Allem, was darauf steht, zu zwei Drittel des Bauwerthes zu übernehmen.

2. Auf dem verkauften Terrain dürfen nur Wohnhäuser errichtet werden, die nach den von der Stadtverwaltung genehmigten Plänen ausgeführt werden; für die Instandhaltung sind die Vorschriften maßgebend, welche die Stadt= verwaltung bestimmt; auch dürfen die Häuser nicht zu höheren Miethpreisen verwerthet werden, als einer 5 prozentigen Verzinsung des darin angelegten Kapitals entspricht.

3. Unter diesen Bedingungen wird das Terrain zum nominellen Preise von 1 Mark für den Quadratmeter abgegeben.

4. Für die Aufrechterhaltung der Ordnung und der richtigen Instandhaltung der Wohnungen der Kolonie erläßt die Stadtgemeinde besondere Bestimmungen

und ernennt einen Beamten, der über die richtige Durchführung zu wachen hat. Diesen Bestimmungen und den Weisungen des städtischen Beamten hat sich jeder Hausbesitzer und jeder der in der Kolonie Wohnenden zu unterwerfen."

Sowohl die beiden vorstehend wiedergegebenen, als auch die übrigen im Verlauf der Angelegenheit gemachten vielgestaltigen Vorschläge gelangten in den Sitzungen der stadträthlichen Kommission zur eingehender Erörterung.

Ueber die Verbesserungsbedürftigkeit der hiesigen Arbeiterwohnungs=verhältnisse herrschte Uebereinstimmung. Auch die Idee einer allmählichen Bereitstellung städtischer Miethshäuser für die Arbeiter und niederen Beamten der Gemeinde wurde allseits gutgeheißen. Dagegen machten sich Bedenken geltend einerseits gegen die Bemühungen, die privaten Großunternehmer zur Erbauung von Wohnungen für ihre Arbeiter anzueifern, und zwar wegen einer möglichen Schmälerung der wirthschaftlichen Unabhängigkeit der arbeiten=den Bevölkerung, andrerseits gegen ein Eingreifen der Gemeinde in den Gang der Bauindustrie durch Unterstützung einzelner Unternehmer seitens der Stadtgemeinde, welche die Privatthätigkeit abschrecke, ohne auch nur augen=blicklich, vielweniger dauernd den Wohnungsbedarf befriedigen zu können. Die Einen erblickten allein in der Erstellung ganzer Wohnviertel auf städtischem Gelände eine ausreichende Abhülfe, andere dagegen befürworteten die Be=günstigung des Bauens an thunlichst vielen Punkten des Stadtgebiets. Von dritter Seite wurde eine Förderung der Entstehung von Neubauten in irgend welcher Form nur unter der Bedingung für zulässig erachtet, wenn gleich=zeitig auch zur Verbesserung älterer Miethshäuser im Innern der Stadt städtische Beihülfe gewährt werde.

Schließlich brach sich aber doch die Ueberzeugung Bahn, daß eine Subventionirung aller zum Bau von Arbeiterwohnungen geneigten Unter=nehmer, ohne Rücksicht darauf, ob es sich um Private oder Vereinigungen handelt, durch Nachlaß der Straßenkosten, eventuell auch völlige oder theil=weise Erlassung des Geländepreises, der freien Bauthätigkeit keinerlei unge=sunde Konkurrenz bereiten könne. Es sei diese Befürchtung um so weniger begründet, als diesen Vergünstigungen eine Reihe von Verfügungsbeschränkungen gegenüberstehen, auch die Subventionirung nach Maßgabe des gerade herrschen=den Bedarfs an Wohnungen regulirt werden könne. Wohl aber sei zu er=warten, daß dieselbe die Erstellung von Arbeiterwohnungen fördern werde und vor Allem die Sammlung von Erfahrungen auf einem bisher noch wenig be=tretenen Gebiete ohne namhafte Inanspruchnahme der Gemeindefinanzen selbst im Falle des Scheiterns der ersten Versuche ermögliche.

Im Verfolg dieser Erwägungen entschied die Kommission sich für die Gewährung von Beihülfen im oben angedeuteten Sinne. Dabei unterschied sie zwischen Privaten, welche des Gewinnes halber bauen, und Unternehmen jeder Art, bei denen die Gewinnabsicht hinter dem Motive der Gemeinnützig=keit zurücktritt. Im ersten Falle glaubte sie — gegen die Verpflichtung zur Erstellung und dauernden Erhaltung kleiner Miethswohnungen, sowie zur

Vorlage der Baupläne — den Verzicht auf Ersatz der Straßenbaukosten befür=
worten zu sollen, während gemeinnützigen Unternehmen gegenüber weiter=
gehende Vortheile und Beschränkungen Platz zu greifen hätten.

Das hiernach empfohlene Programm brachte die Kommission in die
Form allgemeiner Grundsätze, welche von den städtischen Kollegien beschlossen
und als Richtschnur in allen vorkommenden Einzelfällen für die Behandlung
der einlaufenden Gesuche um städtische Unterstützung zum Bau von Klein=
wohnungen behandelt werden sollen, mit der Maßgabe, daß der Stadtrath
zwar zum bedingungsweisen Verzicht auf die Straßenkostenbeiträge ermächtigt
sei, zu jeder Geländeveräußerung aber die Zustimmung des Bürgerausschusses
einzuholen habe.

Nunmehr gelangte die Angelegenheit an das Stadtrathskollegium.
Während die Thatsache der Wohnungsnoth und ein Vorgehen der Gemeinde
gegen dieselbe nur vereinzelten Widerspruch fand, herrschte um so größere
Meinungsverschiedenheit über die Ausgestaltung des kommunalen Wohnungs=
programms. Die Mehrheit erwartete von dem Vollzug der Kommissions=
vorschläge eine durchgreifende und den Interessen des Gemeinwesens wie der
Einwohnerschaft völlig Rechnung tragende Verbesserung der Wohnungsver=
hältnisse; eine Reihe von Mitgliedern dagegen betrachtete solche nur als
einen nicht besonders wirkungsvollen ersten Schritt auf dem betretenen Wege,
an welchen sich eine Reihe anderweitiger Maßnahmen ergänzend anzuschließen
hätten. Hierbei komme insbesondere der — von keiner Seite ernstlich be=
kämpfte — Bau von Miethshäusern für die Arbeiter und Bediensteten der
städtischen Betriebe und Verwaltungszweige, ferner die Subventionirung des
Umbaues sanitär beanstandeter älterer Miethswohnungen, sowie Bemühungen
für das Zustandekommen ganzer Stadtquartiere mit Kleinwohnungen gemäß
dem oben Seite 26/28 besprochenen Vorschlage in Betracht. Es hänge von der
Weiterentwickelung der hiesigen Wohnungsverhältnisse und dem Einfluß der
zunächst ergriffenen Präventivmaßregeln ab, ob und in welcher Reihen=, bezw.
Zeitfolge die übrigen Programmpunkte zur Ausführung zu gelangen hätten.

Gemäß den Anschauungen der Majorität beschloß jedoch der Stadtrath,
die positive Thätigkeit der Gemeinde zunächst auf das von der Kommission
empfohlene bescheidenere Maß zu beschränken, die weitergehenden Vorschläge
aber einer eingehenden Prüfung auf ihre finanzielle Tragweite und ihre
Wirkungen für die Gesammtheit sowohl, als für das private Baugeschäft zu
unterziehen.

Die bereits erwähnten „Grundsätze" erlitten demgemäß nur wenige,
zumeist redactionelle Aenderungen und lauten in ihrer, vom Stadtrathe ange=
nommenen Fassung, wie folgt:

Bedingungen

für städtische Subventionirung des Baues von Arbeiterwohnungen.

A. Gesellschaften, Genossenschaften, Consortien und Einzelpersonen auf gemeinnütziger Basis.

I. Die Stadtgemeinde erläßt die Straßenkosten, während der Kaufschilling für das der Stadt abgekaufte Gelände bezahlt wird.

Zwischen dem Unternehmer und der Stadtgemeinde wird ein Vertrag abgeschlossen. Inhaltlich dessen verpflichtet sich der Bauherr für sich und seine Rechtsnachfolger auf Grund der vorzulegenden Baupläne zur Erstellung kleiner Wohnungen von 2—3 Zimmern nebst Küche, zur dauernden guten Unterhaltung und Erhaltung derselben als Miethwohnungen und zur Erhebung eines Miethzinses, welcher, neben Deckung der öffentlichen Lasten und einer mäßigen Quote für Reparaturen und Abschreibungen, den landesüblichen Zinsfuß aus dem ursprünglichen Aufwand für Geländeerwerb und Bau nicht übersteigen darf.

Werden diese Bedingungen erfüllt, so leistet die Stadtgemeinde auf die Straßenkosten Verzicht.

Für jeden Fall der Zuwiderhandlung gegen die vertragsmäßigen Abreden hat der Bauherr eine Conventionalstrafe an die Stadtgemeinde zu zahlen, welche 10% der Straßenkostenschuld beträgt. Diese Strafe wird fällig, sobald der Bauherr wegen Nichterfüllung einer der Auflagen in Verzug gesetzt ist. Zur Sicherheit der Stadtgemeinde hat der Unternehmer der letzteren eine Cautionshypothek auf das Anwesen in Höhe des Straßenkostenbetrags zuzüglich einer Summe, die dem Betrage der zehnjährigen Zinsen aus den nachgelassenen Straßenkosten gleichkommt, und der Vollstreckungskosten (5 pCt. der Hauptsumme) zu bestellen.

Mit dem Pfandrechte dieser Cautionshypothek tritt erforderlichen Falls die Stadtgemeinde zu Gunsten anderer Hypotheken im Höchstbetrage von 75 pCt. der pfandgerichtlichen Schätzung zurück.

Bei mindestens dreimaligem Verstoß gegen die Vertragsbedingungen, oder wenn ein den Vertragsbedingungen nicht entsprechender Zustand trotz Mahnung den Zeitraum von sechs Wochen übersteigt, wird die ganze durch die Cautionshypothek gedeckte Summe — im Falle der freiwilligen Zahlung mit einem Nachlaß von 5 pCt. der Hauptsumme — zur alsbaldigen Heimzahlung fällig.

Streitigkeiten aus dem Vertrag werden unter Ausschluß der bürgerlichen Gerichte durch ein Schiedsgricht entschieden, zu welchem jeder Theil ein Mitglied ernennt, die sodann einen Obmann zu wählen haben.

II. Die Stadtgemeinde erläßt die Straßenkosten und tritt städtisches Gelände gegen Nachlaß des ganzen oder theilweisen Kaufschillings ab.

Der Unternehmer übernimmt die Art. 1 genannten Verpflichtungen und unterwirft sich der Genehmigung der Baupläne und der Miethzinsen durch den Stadtrath; auch macht er sich zur Einführung ein- oder zweiwöchiger Miethzahlungstermine verbindlich und räumt der Stadtgemeinde das Recht ein, nach 50 Jahren jederzeit die Baugrundstücke nebst aller Zubehör um den ursprünglichen Aufwand, abzüglich der vollzogenen Abschreibungen, die mindestens ½ pCt. pro Jahr betragen müssen, käuflich zu übernehmen.

Bei der Uebertragung des Eigenthums auf einen Dritten verpflichtet sich der Contrahent die Einhaltung dieser Vertragsbestimmungen durch den jeweiligen Singularsuccessor vertragsmäßig zu sichern. Jeder derartige Vertrag ist vor dem Eintrag zum Grundbuch der Stadtgemeinde zur Kenntnißnahme vorzulegen.

Der Vollzug der einzelnen Vertragsbestimmungen wird durch Festsetzung von Conventionalstrafen und Bestellung einer Cautionshypothek, wie ad. 1 bestimmt, gesichert. Die Kautionshypothek hat den Betrag der Straßenkosten, des nachgelassenen Gebäudekaufschillings, einer Summe, die dem Betrage der zehnjährigen Zinsen aus beiden gleichkommt und der ev. Vollstreckungskosten zu umfassen.

Bei ordnungsmäßiger Erfüllung der Vertragsabreden sind die Straßenkosten sowohl als auch der Geländekaufschilling nachgelassen, während solche für Fälle einer Verletzung des Vertrags nachzubezahlen sind. An Stelle oder neben der Konventionalstrafe kann die Stadtgemeinde ihr Ankaufsrecht auch schon während der 50 Jahre geltend machen.

Ist die Bauunternehmerin eine Aktiengesellschaft oder Genossenschaft, so sind bei den Sitzungen des Aufsichtsraths und bei der Generalversammlung zwei Vertreter des Stadtraths beizuziehen. In diesem Falle müßte der Gesellschaftsvertrag (bezw. das Statut) die erwähnten Vorbehalte zu Gunsten der Stadtgemeinde enthalten.

Es steht der Stadtgemeinde frei, an Stelle des Baarbetrags ihrer Forderung an die Gesellschaft bezw. Genossenschaft, Aktien oder Antheilscheine derselben zu übernehmen.

B. Private Unternehmer, Consortien ꝛc. mit Gewinnabsicht.

Die Stadtgemeinde erläßt die Straßenkosten. Der Geländepreis ist vom Käufer ganz zu entrichten.

Der Bauherr verpflichtet sich für sich und seine Rechtsnachfolger zur Erstellung kleiner Wohnungen (von 2—3 Zimmern nebst Küche) sowie

zur dauernden guten Unterhaltung und Erhaltung derselben als Mieths=
wohnungen und unterbreitet die Baupläne der stadträthlichen Geneh=
migung.

Zur Sicherung dieser Verbindlichkeiten bestellt der Unternehmer der
Stadtgemeinde eine Cautionshypothek auf das Anwesen in Höhe des
Straßenkostenbetrags zuzüglich einer Summe, welche dem zehnjährigen
Zinsbetrage gleichkommt und der ev. Vollstreckungskosten (5 pCt. der
Hauptsumme). Mit dem Pfandrechte dieser Cautionshypothek tritt
erforderlichen Falls die Stadtgemeinde zu Gunsten anderer Hypotheken
im Höchstbetrage von 75 pCt. der pfandgerichtlichen Schätzung zurück.
Bei mindestens dreimaligem Verstoß gegen die Vertragsbestimmungen,
oder wenn ein den Vertragsbestimmungen nicht entsprechender Zustand
trotz Mahnung den Zeitraum von 6 Wochen übersteigt, wird die
Cautionshypothek zur sofortigen Heimzahlung fällig.

Werden die Vertragsbedingungen erfüllt, so bleibt die Straßen=
kostenforderung nachgelassen.

Ueber die vorstehend skizzirten gegenseitigen Rechte und Ver=
pflichtungen wird ein Vertrag abgeschlossen, der im Pfandbuch einge=
tragen wird. Streitigkeiten aus dem Vertrag unterliegen unter Aus=
schluß der bürgerlichen Gerichte der Entscheidung eines Schiedsgerichts.
Zu letzterem ernennt jede Partei ein Mitglied, welch' beide einen
Dritten als Obmann wählen.

Entsprechend der in der Versammlung des Bürgerausschusses vom
11. Februar 1896 mehrfach kundgegebenen Anregung zur Erbauung von
Arbeiterwohnungen zunächst für die städtischen Betriebe, bezw. im Hinblick
auf die ausgesprochene Billigung der diesbezüglichen Absichten des Stadtraths,
beauftragte der letztere alsbald das städtische Hochbauamt mit der Bearbeitung
eines Projektes für Arbeiterwohnungen beim neuen Schlachthof. Das im
Juli vorigen Jahres zur Vorlage gebrachte Projekt nahm einen vierstöckigen
Mittelbau und zwei dreistöckige Flügelbauten mit einem Bauaufwande von
M. 42 000.— für ersteren und je M. 34 000.— für letztere, im Ganzen so=
nach von M. 110 000.— in Aussicht. Jedes Stockwerk sollte zwei Wohnungen,
die Parterre=Geschosse statt dessen Ladenlokale enthalten. Die einzelne Wohnung
sollte aus zwei Zimmern, Küche und Abort, Kellerantheil und Speicherkammer
bestehen. Zur Benützung sämmtlicher Miether waren zwei Waschküchen ge=
plant. Als Miethzinsen waren vorgesehen:

für eine Wohnung im	Mittelbau monatlich ℳ	jährlich ℳ	Seitenbau monatlich ℳ	jährlich ℳ
II. Stock	22. -	528.—	20.—	480.—
III. „	20.—	480.—	18.—	432.—
IV. „	18.—	432.—		

für die Ladenräumlichkeiten in jedem der Gebäude nebst zugehöriger, fünf Räume umfassenden Wohnung monatlich M. 50.—, jährlich M. 600.—.

Auf der Grundlage dieser Sätze würde der Miethsertrag sich auf circa M. 5060.—, entsprechend einer 5=, bezw. 4½ prozentigen Rente des Bau= kapitals mit Ausschluß des Bodenwerthes beziffern. Die Gebäude sollten in den nördlich von der Seckenheimer Straße, östlich von der daraufstoßenden, dem neuen Schlachthof entlang ziehenden Straße begrenzten Baublock zu liegen kommen. Dieses Projekt erlitt in Folge der seitens der prüfenden Techniker erhobenen Beanstandungen verschiedene, die Grundidee übrigens nicht be= rührenden Veränderungen. Eine endgültige Beschlußfassung des Stadtraths über das Projekt ist bisher nicht erfolgt.

Uebrigens hat es an privaten Unternehmern, welche des Gewinns halber sich lediglich mit der Erstellung und Vermiethung von kleinen Wohnungen befaßten, auch in Mannheim zu keiner Zeit gefehlt. Freilich sind gerade unter diesen hier in Betracht kommenden Gebäuden auch solche, gegen welche sich die ernstesten Beanstandungen der Sanitätspolizei, der Armen= pflege und der Fabrikinspektion wendeten. Sieht man jedoch von den in unserer Darstellung mehrfach genannten Miethskasernen ab, so kann erfreu= licher Weise gesagt werden, daß auch hier eine erhebliche Anzahl von Mieth= wohnungen für die minderbemittelten Klassen bestehen, welche selbst sozial= politisch weitgehenden Ansprüchen genügen und als nachahmenswerthes Muster gerühmt werden können.

Ueber die von einzelnen Arbeitgebern zu Gunsten ihres Personals ent= faltete Wohnungsfürsorge ist an anderer Stelle berichtet.

————

Das Gr. Ministerium des Innern, welches auf Grund veranstalteter Erhebungen sich davon überzeugt hatte, daß die von den Bediensteten der Schutzmannschaft in hiesiger Stadt zu entrichtenden Miethzinsen weitaus den Betrag des staatlichen Wohnungsgeldzuschusses übersteigen, sah sich gemäß Erlaß vom 31. Oktober 1891 Nr. 26359 veranlaßt, die Frage zu prüfen, ob nicht wenigstens für einen Theil der Mannschaft billigere und aus= reichendere Wohnungen durch Erstellung von Neubauten, bezw. Ermiethung größerer Privatgebäude auf Staatskosten beschafft werden könnten. Das Bezirksamt war beauftragt, sich hierüber im Benehmen mit dem Stadtrath zu äußern.

Erstere Behörde erblickte eine bedauerliche Unzuträglichkeit, unter welcher das dienstliche Interesse nothleide, vor Allem darin, daß zahlreiche Schutz= leute, welche ihren Verhältnissen entsprechende Wohnungen nicht zu finden vermögen, zum Miethen größerer Wohnungen und zur Abgabe einzelner Räume an Aftermiether genöthigt seien.

Der im Verfolg des erwähnten Erlasses gegebenen Anregung Gr. Bezirksamts, entweder bereits vorhandene städtische Gebäulichkeiten zur mieth=

weisen Abgabe an Bedienstete der Staatspolizeimannschaft zu überlassen oder aber Neubauten zu diesem Zweck zu erstellen, konnte der Stadtrath nicht Folge geben, ersterer Mangels derartiger Räume, letzterer in der Erwägung, daß es die Stadtgemeinde zusagenbenfalls kaum ferner ablehnen könnte, den ihr doch näherstehenden eigenen Bediensteten ebenfalls solche Wohnungen zu verschaffen oder sogar allgemein Arbeiterwohnungen zu erbauen. Es wurde deshalb dem Bezirksamt dieser Standpunkt und ferner mitgetheilt, daß nach den von einem Agenten im Auftrage des Stadtrathes gemachten Erhebungen zu fraglichem Zweck ganze Häuser in allen Stadtgegenden erhältlich, auch Bauunternehmer zur Herstellung von Neubauten und miethweiser Ueberlassung derselben erbötig seien. Die Staatsbehörde hat darauf die Angelegenheit nicht weiter verfolgt.

Im Winter 1895/96 brachte der Polizeibeamte Gr. Bezirksamts anläß= lich der Verhandlungen wegen Beschaffung von Diensträumen für ein neuzu= errichtendes Polizeirevier in der Unterstadt die Bereitstellung von Dienst= wohnungen für die als Vorstände der Polizeireviere fungirenden Polizei= sergeanten im räumlichen Zusammenhange mit den betreffenden Wachelokalen in Anregung, dergestalt, daß die Stadtgemeinde diese Wohnräume in eigenen oder gemietheten Gebäuden zur Verfügung stelle und als theilweises Entgelt die staatliche Wohnungsgeldentschädigung der betreffenden Beamten zu be= ziehen habe. Es kamen hierfür die Reviere II (Schwetzinger=Vorstadt), V (Jungbusch), VI (Neckar=Vorstadt), VII (Lindenhof) und IV (Quadrate D— K) in Betracht. Diese Reviervorstände seien instruktionsgemäß verpflichtet, inner= halb ihres Reviers Wohnung zu nehmen, um für Publikum, Behörde und Mannschaften jederzeit unschwer erreichbar und zum eigenen Eingreifen in schwierigeren Fällen bereit zu sein. Diese Anordnung erfülle aber nur dann ihren Zweck, wenn die Wohnung sich in thunlichster Nähe der Wache befinde. Es falle aber äußerst schwer, dort gerade immer passende Wohnungen zu erlangen.

Die Gemeindeverwaltung verhielt sich dem entwickelten Gedanken gegen= über nicht ablehnend und veranlaßte Ermittelungen, ob sich etwa in passend gelegenen städtischen Gebäulichkeiten geeignete Räume vorfänden, was jedoch zu einem negativen Ergebnisse führte.

Es wurde deshalb in Aussicht genommen, für die Folge, soweit thun= lich von Fall zu Fall zugleich mit den Räumen für die Wachelokale auch die Dienstwohnungen für die betreffenden Reviervorstände anzumiethen.

Zweiter Abschnitt.

Ergebnisse statistischer Ermittelungen über die lokalen Wohnungszustände.

Die Thatsache einer Wohnungsnoth wird durch die Ergebnisse der Volks=
zählung vom 2. Dezember 1895 und der mit ihr verbundenen Erhebungen
über die hiesigen Wohnungsverhältnisse deutlich illustrirt. Nachstehend sind die
bemerkenswertheren Zahlen der fraglichen Aufnahme mitgetheilt:

Die Gesammtbevölkerung von 91116 Seelen vertheilte sich auf

29 Anstalten mit   2390 Einwohnern
55 Gasthäuser
19177 Privathaushaltungen $\Big\}$ 88726   „

Zus. 19261 Haushaltungen.

Die 29 Anstalten und 32 größere Gasthäuser (mit 10 und mehr Gästen)
zählten zusammen 159 Haushaltungen mit 3784 Personen. 157 Schiffe und
11 Wohnwagen enthielten je eine Haushaltung mit zusammen 658 bezw. 49
Personen. Auf eine Haushaltung entfielen 4,6 Personen. 5,2 pCt. der Haus=
haltungen bestanden aus allein lebenden Personen, 8,7 pCt. aus allein lebenden
Ehepaaren, 47,5 pCt. aus Eltern mit Kindern und anderen Verwandten,
17,8 pCt. aus Familien mit Dienstboten und Gewerbegehülfen, 15,7 pCt. aus
Familien mit Aftermiethern oder Schlafleuten und 5,1 pCt. hatten eine ander=
weitige Zusammensetzung. Der Verhältnißzahl nach überwiegen die Haushal=
tungen mit 4 (18,4 pCt.), 3 (17,5 pCt.), 5 (15,9 pCt.), 2 (13,4 pCt.) und
6 Personen (11,6 pCt.).

Es wurden im Ganzen 4009 Aufenthaltsstätten mit 19261 bewohnten
Wohnungen und 63520 Wohnräumen gezählt, somit im Durchschnitt pro
Aufenthaltsstätte 15,8 Wohnräume mit 22,5 Personen. Die 4009 Aufent=
haltsstätten zerfielen in 3841 Gebäude, 157 Schiffe und 11 Wohnwagen, die
erstgenannten wiederum in 3738 Wohnhäuser und 103 sonstige Gebäude. Von
den 3841 Gebäuden dienten 1057 oder 27,5 pCt. lediglich Wohn= und 2784
= 72,5 pCt. zugleich auch Geschäftszwecken. In den bewohnten Häusern
wurden 86838 Räume und zwar:

46479 (53,5 pCt.) heizbare Zimmer,

14318 (16,5 pCt.) nicht mit Oefen versehene Zimmer,

17368 (20,0 pCt.) Küchen,

1539 (1,8 pCt.) Ladenräume,

871 (1,0 pCt.) Gastwirthschafts= und Restaurationsräume,

1938 (2,2 pCt.) Bureauxräume,

1536 (1,8 pCt.) Werkstätten und Fabrikräume,

1442 (1,7 pCt.) Lagerräume,

712 (0,8 pCt.) Stallungen und

625 (0,7 pCt.) Räume für öffentliche Zwecke

ermittelt. Auf ein Haus kamen 5 Haushaltungen und 16,5 Zimmer, davon 4,4 ohne Heizungsvorrichtung, auf eine Wohnung 3,3 Zimmer, davon 0,9 ohne Ofen.

Ihrer Entstehungszeit nach stammen:

866 Häuser (22,5 pCt.) aus der Zeit vor 1795

142 „ (3,7 pCt.) aus den Jahren 1796—1820

393 „ (10,2 pCt.) „ „ „ 1821—1860

859 „ (22,4 pCt.) „ „ „ 1861—1880

337 „ (8,8 pCt.) „ „ „ 1881—1885

851 „ (22,2 pCt.) „ „ „ 1886—1890

393 „ (10,2 pCt.) „ „ „ 1891—1895

Der Stockwerkzahl nach sind die bewohnten Häuser wie folgt zu entziffern:

I. Stock	ohne	Mansarden	114	Häuser mit	392	Wohnräumen
I. „	mit	„	340	„ „	2261	„
II. „	ohne	„	283	„ „	2366	„
II. „	mit	„	870	„ „	11058	„
III. „	ohne	„	206	„ „	3124	„
III. „	mit	„	1030	„ „	20425	„
IV. „	ohne	„	302	„ „	6154	„
IV. „	mit	„	684	„ „	17277	„
V. „	ohne	„	4	„ „	89	„
V. „	mit	„	8	„ „	206	„

Die 3841 Häuser umfassen, abgesehen von den 29 Anstalten, 19064 Wohnungen mit 60797 Zimmern und 17378 Küchen. 33495 Zimmer (55,1 pCt.) hatten Fenster nach der Straße. 1686 Wohnungen b. i. 8,8 pCt. der Gesammtzahl besaß keine Küche, 2726 derselben (14,3 pCt.) wurde neben dem Wohn= auch zu gewerblichen Zwecken benutzt. Nachstehend sind die be= züglichen Zahlen detaillirt wiedergegeben:

Wohnungen nach Zimmerzahl	Wohnungen									
	ohne gewerbl. Mitbenutzung			Gewerblich mit benutzt			überhaupt			Von 100 Zimmern haben Fenster nach der Straße
	Anzahl der			Anzahl der			Anzahl der			
	Wohnungen	Zimmer	davon Zimmer nach der Straße	Wohnungen	Zimmer	davon Zimmer nach der Straße	Wohnungen	Zimmer	davon Zimmer nach der Straße	%
1 ohne Küche	757	757	377	107	107	54	864	864	421	49,9
1 mit ,,	3441	3441	2157	181	181	104	3622	3622	2261	62,4
2 ohne ,,	593	1186	516	82	164	77	675	1350	593	43,9
2 mit ,,	4782	9564	5399	533	1066	608	5315	10630	6007	56,5
3 ohne ,,	104	312	144	34	102	54	138	414	198	47,8
3 mit ,,	2413	7239	4474	510	1530	888	2923	8769	5362	61,1
4 ohne ,,	5	20	15	1	4	3	6	24	18	75,0
4 mit ,,	1144	4576	2672	399	1596	863	1543	6172	3535	57,3
5 ohne ,,	3	15	6	—	—	—	3	15	6	40,0
5 mit ,,	925	4626	2703	245	1225	644	1170	5851	3347	57,2
6 ,, ,,	669	4014	2172	163	978	552	832	4992	2724	54,6
7 ,, ,,	519	3633	1850	148	1036	513	667	4669	2363	50,6
8 ,, ,,	412	3296	1657	116	928	486	528	4224	2143	50,7
9 ,, ,,	217	1953	976	57	513	249	274	2466	1225	49,7
10 u. mehr mit Küche	354	4435	2248	150	2300	1034	504	6735	3282	48,7
Summa	16 338	49 067	27 366	2726	11 730	612?	19 064	60 797	33 495	55,1

Die Wohnungsaufnahmen der deutschen Großstädte unterscheiden im Einklang mit bezüglichen Beschlüssen der deutschen Städtestatistiker zwischen „heizbarem" und „nicht heizbarem Zimmer" und nur die ersteren sind fast allerorts als Maßstab zur Beurtheilung der Größe einer Wohnung und der „Uebervölkerung" derselben in Berechnung gezogen. Als „kleine Wohnungen" pflegen die mit keinem, einem oder zwei heizbaren Zimmern ausgestatteten bezeichnet zu werden. Uebervölkerung einer Wohnung wird angenommen, wenn in Wohnungen **ohne** oder mit einem heizbaren Zimmer 6 und mehr Bewohner, mit zwei heizbaren Zimmern 11 und mehr Bewohner vorhanden sind. Andere erblicken in dem Vorhandensein von 5 Personen auf das heizbare Zimmer die Uebervölkerung. Die Stadt Berlin zählt darunter diejenigen Wohnungen, bezüglich welcher mehr als zwei Personen auf das heizbare und mehr als ein Bewohner auf das nicht heizbare Zimmer oder die Küche kommen, Wien dagegen jene Wohnungen, in welchen auf einen Wohnraum (Zimmer, Kammer, Vorzimmer, Küche) 4 und mehr Personen entfallen.

Läßt sich gegen die genannten Begriffsbestimmungen schon an sich Manches einwenden, so ist in Anbetracht der klimatischen und wirthschaftlichen Verhältnisse, sowie der Bauart Mannheims bei der Anwendung derselben auf die hiesige Erhebung besondere Vorsicht geboten. In zahlreichen Fällen ist das der Heizvorrichtung entbehrende Zimmer vermöge seiner Verwendung als völlig gleichwerthig mit dem heizbaren zu betrachten und meist können die fraglichen Räume ohne jede bauliche Veränderungen mit Öfen versehen werden, sofern das Vorhandensein solcher erwünscht erschiene.

Die ungeachtet dieser Bedenken stattgefundene Auszählung der Wohnungen nach dem Merkmal der Heizbarkeit ergab folgendes Resultat: 900 Wohnungen (4,7%) hatte kein, 6656 (34,9%) ein heizbares Zimmer, 5375 (28,2%) zwei, 2318 (12,1%) drei, 3815 (20,1%) vier und mehr heizbare Zimmer. Es waren 997 Wohnungen (5,2%) von je einer Person, 2548 (13,4%) von je zwei, 3333 (17,6%) von je drei, 3498 (18,4%) von je vier, 3021 (15,8%) von je fünf, 5667 (29,6%) von je sechs oder mehr Personen bewohnt.

Wohnungen bewohnt von je	Wohnungen mit heizbaren Zimmern										Summa
	0 mit Küche	0 ohne	1 mit Küche	1 ohne	2 mit Küche	2 ohne	3 mit Küche	3 ohne	4 mit Küche	5 u.mehr mit	
1 Person	29	19	212	429	130	69	55	14	27	13	997
2 Personen	114	5	1033	270	579	84	232	7	121	103	2548
3 „	195	4	1146	194	907	62	354	13	186	272	3333
4 „	170	1	1143	120	945	77	400	11	244	387	3498
5 „	150	2	847	65	817	69	381	4	229	457	3021
6 „	93	1	528	41	622	40	315	2	176	396	2214
7 „	59	2	302	21	456	21	198	4	129	286	1478
8 „	32	—	145	15	243	12	140	1	91	200	879
9 „	15	—	85	6	114	2	90	—	50	135	497
10 „	6	—	31	1	57	2	36	—	26	70	229
11 und mehr Personen	2	1	21	1	64	3	60	1	54	163	370
Wohnungen überhaupt	865	35	5493	1163	4934	441	2261	57	1333	2482	19064
mit Bewohnern	3716	87	22329	2943	23156	1631	11406	195	7085	15471	88019

Die Summe der kleineren, d. h. nicht mehr als zwei heizbare Zimmer umfassenden Wohnungen beträgt 12931 oder 67,8% sämmtlicher Wohnungen. In diesen kleinen Wohnungen leben 53862 Personen oder 61,2% der Bevölkerung.

Nach der Stockwerklage vertheilte sich die Mannheimer Bevölkerung wie folgt:

Wohnungen nach heizbaren Zimmern.

Stockwerklage		0 ohne Küche	0 mit Küche	1 ohne Küche	1 mit Küche	2 ohne Küche	2 mit Küche	3 ohne Küche	3 mit Küche	4 mit Küche	5 u. mehr mit Küche	Summa
I. Stock ohne Mansarden	Wohnungen	13	167	208	891	69	919	18	416	202	198	3101
	Personen	37	736	531	3767	207	4397	54	2180	1010	1078	13 997
I. Stock mit Mansarden	Wohnungen	—	2	1	62	1	156	—	127	126	227	702
	Personen	—	9	2	376	3	982	—	747	793	1408	4320
II. Stock ohne Mansarden	Wohnungen	9	250	257	1370	114	1217	13	525	256	371	4382
	Personen	23	1073	664	5515	409	5601	33	2520	1288	1968	19 074
II. Stock mit Mansarden	Wohnungen	—	—	2	27	4	82	—	116	151	458	837
	Personen	—	—	13	149	—	473	—	684	878	2806	5007
III. Stock ohne Mansarden	Wohnungen	2	155	160	1018	91	988	7	441	203	267	3332
	Personen	7	645	441	4158	348	4626	25	2017	1010	1164	14 741
III. Stock mit Mansarden	Wohnungen	—	—	2	10	1	44	1	89	114	381	643
	Personen	—	—	5	50	5	223	4	418	613	2214	3534
IV. Stock ohne Mansarden	Wohnungen	1	33	64	481	32	511	3	226	126	107	1614
	Personen	7	146	174	2000	141	2466	6	1101	595	501	7137
IV. Stock mit Mansarden	Wohnungen	—	—	1	3	—	17	—	40	52	116	228
	Personen	—	—	4	15	—	81	—	216	255	666	1233
V. Stock ohne Mansarden	Wohnungen	—	—	1	4	1	5	—	5	1	2	16
	Personen	—	—	4	12	—	—	—	18	2	12	55
nur Mansarden	Wohnungen	10	255	467	1595	130	884	13	191	48	21	3614
	Personen	13	1101	1108	6097	494	3802	60	974	263	119	14 031
nur Souterrain	Wohnungen	—	—	1	6	—	11	—	1	—	—	20
	Personen	—	—	1	27	—	41	—	5	—	—	76
betr. Stockwerke ohne Mansarden	Wohnungen	—	—	—	23	1	49	2	67	25	133	295
	Personen	—	—	—	144	11	295	13	383	148	1257	2251
betr. Stockwerke mit Mansarden	Wohnungen	—	—	—	3	1	24	—	22	29	201	280
	Personen	—	—	—	19	9	16	—	143	250	1978	2563
Summa	Wohnungen	35	865	1163	5495	141	4354	57	2261	1333	2482	19 064
	Personen	87	3716	2943	22 329	1631	23 156	195	11 406	7085	15 471	88 010
Auf 1 Wohnung kommen Personen		2,5	4,3	2,5	4,1	3,7	4,7	3,4	5,0	5,3	6,2	4,6

Stadtbezirk umfassend	ohne heizbare Zimmer mit 1—5 Bewohnern	mit 6 u. mehr Bewohnern	mit 1 heizb. Zimmer mit 1—5 Bewohnern	mit 6 u. mehr Bewohnern	mit 2 heizb. Zimmern mit 1—10 Bewohnern	mit 11 u. mehr Bewohnern	Summa der kleinen Wohnungen	Summa der davon überbölferten Wohnungen
I Schloß und A 4 . .	—	—	8	—	22	—	30	—
II A 1—3, B 1—5, C 1—6, D 1—6.	—	1	187	23	223	3	437	27
III E, F und G je 1—6	10	2	367	49	303	6	737	57
IV H 1—5, J 1—4.	35	1	465	87	337	4	929	92
V S und T je 1—4.	31	3	429	90	365	2	920	95
VI P, Q und R je 1—6	19	1	417	53	405	10	905	64
VII L 1—4 u. 6, M 1—5, N und O je 1—6.	21	—	176	14	235	1	447	15
VIII B 6 und 7, C und D je 7 und 8 . . .	2	1	48	9	54	1	115	11
IX E, F u. G je 7 u. 8	5	2	216	33	248	—	504	35
X H 6 und 7, J 5—7, K 1—7	13	7	556	112	492	5	1185	124
XI S und T je 5—6, U 1—6	16	—	266	56	439	3	780	59
XII P, Q und R je 7. .	2	2	62	12	84	—	162	14
XIII L 5 u. 7—17, M 6 u. 7, N u. O je 7.	2	—	26	3	50	2	83	5
XIV H 8—10, J und K je 8 und 9 . . .	12	4	312	80	390	5	803	98
XV Oeftliche Stadterweiterung	2	—	39	7	83	1	132	8
XVI Schwetzinger Vorstadt links d. Schw.-St.	31	8	342	95	250	7	733	110
XVII Schwetzinger Vorstadt rechts d. Schw.-St.	40	11	528	122	502	2	1205	135
XVIII Lindenhof	6	2	176	35	245	1	465	38
XIX Mühlau, A 5 und 6, J 10 und K 10 .	—	2	24	5	162	3	196	10
XX Neckargärten und Friesenheimer Insel .	303	125	348	154	135	7	1072	286
XXI Neuer Stadtheil und Niedfeld	127	33	356	126	180	1	823	160
XXII Terrain östlich der Waldhofstraße . .	12	6	111	32	104	3	268	41
Ganze Stadt . . .	689	211	5459	1197	5308	67	12931	1475

Anzahl der Bewohner der kleinen Wohnungen	davon überbölkerten W.	Bewohner im Durchschnitt auf 1 kleine Wohnung	1 überbölkerte Wohnung	Von 100 Bewohnern wohnen in kleinen Wohnungen	überbölkerten Wohnungen	Von 100 Wohnungen überhaupt sind kleine Wohnungen	überbölkerte Wohnungen	Von 100 kleinen Wohnungen sind überbölkert überhaupt	davon Wohnungen ohne heizbare Zimmer	mit 1 heizbaren Zimmer	mit 2 heizbaren Zimmern
110	—	3,7	—	30,0	—	36,6	—	—	—	—	—
1465	203	3,4	7,5	34,6	3,8	46,9	2,9	6,2	0,2	5,3	0,7
2839	439	3,9	7,7	52,5	7,9	64,7	5,0	7,7	0,3	6,6	0,8
3681	708	4,0	7,7	71,0	13,0	81,1	8,0	9,9	0,1	9,4	0,4
3733	686	4,1	7,2	74,7	13,7	81,9	8,5	10,3	0,3	9,8	0,2
3411	536	3,8	8,4	63,l	9,2	71,5	5,0	7,1	0,1	5,9	1,1
1507	108	3,4	7,3	36,1	2,4	48,7	1,6	3,4	—	3,1	0,2
417	78	3,6	7,1	20,7	3,9	28,3	2,7	9,6	0,9	7,8	0,9
2033	237	4,0	6,8	46,9	5,5	54,8	3,8	6,9	0,4	6,5	—
4881	870	4,1	7,0	66,5	11,8	72,4	7,6	10,5	0,6	9,4	0,4
3197	427	4,1	7,2	53,9	7,1	60,5	4,6	7,6	—	7,2	0,4
707	99	4,4	7,1	40,2	5,6	44,9	3,9	8,6	1,2	7,4	—
315	46	3,8	9,2	8,0	1,2	10,5	0,6	6,0	—	3,6	2,4
3459	632	4,3	7,1	67,0	12,3	72,8	8,1	11,1	0,5	10,0	0,6
546	65	4,1	8,1	44,7	5,3	49,5	3,0	6,1	—	5,3	0,8
3319	802	4,5	7,3	86,3	20,8	89,0	13,3	15,0	1,1	13,0	1,0
5330	940	4,4	7,0	78,6	13,9	81,6	9,2	11,2	0,9	10,1	0,2
2083	263	4,5	6,9	63,3	8,0	67,7	5,5	8,2	0,4	7,5	0,2
933	80	4,8	8,0	63,7	5,5	65,3	3,3	5,1	1,0	2,6	1,5
5015	2063	4,7	7,2	95,7	39,3	96,5	25,7	26,7	11,7	14,4	0,7
3633	1119	4,4	6,9	84,1	25,9	86,0	16,7	19,4	4,0	15,3	0,1
1248	312	4,7	7,6	77,0	18,2	81,0	12,4	15,3	2,2	11,9	1,1
53862	10713	4,2	7,3	61,2	11,8	67,3	7,3	11,4	1,6	9,3	0,5

Die Seite 40/41 wiedergegebene Tabelle macht ersichtlich, wie sich die „kleinen" und die „übervölkerten", d. h. in einem Zimmer mehr als 6 und in 2 Zimmern mehr als 10 Personen zählenden Wohnungen auf die einzelnen Stadtbezirke vertheilen.

Hiernach waren in Mannheim am 2. Dezember 1895 7,8 pCt. aller Wohnungen übervölkert und in diesen übervölkerten Wohnungen lebten 11,8 pCt. der Einwohnerschaft.

Das Ergebniß der Tabelle Seite 39 läßt sich wie folgt zusammen= fassen:

Es wurden gezählt:

3803 Parterrewohnungen (19,9 pCt.) mit 18317 Bewohnern (20,8 pCt.)

5219 Wohnungen im II. Stockwerk (27,4 pCt.) mit 24081
Bewohnern . . . . (27,4 pCt.)

3975 Wohnungen im III. Stockwerk (20,9 pCt.) mit 18275
Bewohnern . . . . (20,7 pCt.)

1842 Wohnungen im IV. Stockwerk (9,7 pCt.) mit 8370
Bewohnern . . . . (9,5 pCt.)

16 Wohnungen im V. Stockwerk (0,1 pCt.) mit 55
Bewohnern . . . . (0,1 pCt.)

20 Kellerwohnungen (0,1 pCt.) mit 76 Bewohnern . (0,1 pCt.)

3614 Mansardenwohnungen (19,0 pCt.) mit 14031 Be=
wohnern . . . . (15,9 pCt.)

575 Wohnungen, welche sich über verschiedene Stockwerke
erstrecken (1,9 pCt.) mit 4814 Bewohnern . . (5,5 pCt.)

Den Bewohnern reiner Mansardenwohnungen sind noch diejenigen zuzu= rechnen, welche in den zu Wohnungen anderer Stockwerke gehörigen Man= sardenräumen untergebracht sind. Die Zahl derselben ließ sich statistisch nicht erfassen. Nimmt man jedoch nur eine Person für jede mit bewohnten Man= sarden versehene Wohnung, so ergeben sich insgesammt 16441 Mansarden= bewohner = 18,7 pCt. der Bevölkerung.

Das wesentlichste Mittel zur Erkenntniß der Verhältnisse des Wohnungs= marktes ist die Feststellung der leerstehenden Wohnungen. Die Aufnahme vom 2. Dezember 1895 ergiebt die nachfolgenden Resultate:

Leerstehende Wohnungen nach Zimmerzahl überhaupt.	Auf 100 Wohnungen überhaupt kommen leere:	Wohnungen	Zimmer	Zimmer nach der Straße.
1 ohne Küche .	1,6	14	14	6
1 mit „ .	2,7	102	102	57
2 ohne „ .	4,0	28	56	26
2 mit „	2,5	137	274	104
3 ohne „	2,8	4	12	7
3 mit „	2,8	84	252	134
4 „ „	3,1	49	196	110
5 „ „	3,3	40	200	118
6 „ „	3,1	27	162	104
7 „ „	2,2	15	105	46
8 „ „	1,9	10	80	37
9 „ „	1,8	5	45	24
10 „ „ . .	4,5	8	80	59
11 – 15 mit Küche	1,2	3	37	20
16 und mehr „ „	—	—	—	—
Summa .	2,7	526	1615	852

Die leerstehenden Wohnungen bilden darnach 2,7 pCt. der überhaupt vorhandenen. Diesem Durchschnittssatz stehen die hauptsächlichsten Typen der Arbeiterwohnungen (1 Zimmer mit Küche = 2,7 pCt., 2 Zimmer mit Küche = 2,5 und 3 Zimmer mit Küche = 2,8 pCt.) annähernd gleich, während er von den einzimmerigen Wohnungen mit 1,60 pCt. nicht erreicht, von den aus zwei Zimmern ohne Küche bestehenden mit 4 pCt. erheblich überschritten wird. Im Ganzen genommen muß der Vorrath an Wohnungen als unzulänglich betrachtet werden, wenn berücksichtigt wird, daß die Mehrzahl der leerstehenden durch Reparaturen ꝛc. der Benützung entzogen, das Leerstehen also nur zum Theil auf mangelnde Nachfrage zurückzuführen ist. Die lokale Differenzirung ergiebt außerdem ein ungünstiges Verhältniß für die eigentlichen Wohnplätze der Arbeiterbevölkerung. Der größte Prozentsatz findet sich in den vorzugs= weise von den wohlhabenderen Klassen bewohnten Quartieren zwischen Schloß= garten, Breite Straße, Planken und Kaiserring mit 5,5 bezw. 3,9 pCt., sowie in dem erst im Entstehen begriffenen Lindenhofstadttheil mit 3,7 pCt., während er in der Neckarvorstadt auf 1,0—1,3, im Jungbusch auf 1,1 pCt. und in der dem Bahnhof zugelegenen Hälfte der Schwetzinger Vorstadt auf 0,8 pCt. zurückgeht.

Der Stockwerklage nach fanden sich die meisten leerstehenden unter den reinen Mansardenwohnungen (3,5 pCt.), des weiteren entfallen auf:

den ersten Stock ohne Mansarden 3 pCt.

„ „ „ mit „ 0,8 „

3

den zweiten Stock ohne Manſarden 3,0 pCt.

„ „ „ mit „ 1,5 „

„ dritten „ ohne „ 2,2 „

„ „ „ mit „ 2,1 „

„ vierten „ ohne „ 2,9 „

„ „ „ mit „ 0,9 „

Auch die Ermittelungen über die Dauer des Leerſtehens bilden einen Beleg für die Exiſtenz einer Wohnungsnoth. Es ſtanden leer:

209 Wohnungen	(39,8 pCt.)	höchſtens	einen	Monat			
122 „	(23,2 „)	zwiſchen	einem und	zwei	Monaten		
49 „	(9,3 „)	„	zwei und	drei	„		
30 „	(5,7 „)	„	drei und	vier	„		
30 „	(5,7 „)	„	vier und	fünf	„		
18 „	(3,4 „)	„	fünf und	ſechs	„		
15 „	(2,8 „)	„	ſechs und	ſieben	„		
14 „	(2,7 „)	„	ſieben und	elf	„	und	
39 „	(7,4 „)	mehr als	elf	Monate.			

Ein Rückblick auf die Zählungsergebniſſe früherer Jahre beweist, daß die allgemeinen Wohnungszuſtände Mannheims zwar in einer langſam fortſchreitenden Beſſerung begriffen, dieſe Wirkungen aber nicht den minder bemittelten Klaſſen zu Gute gekommen ſind.

Es haben betragen:

	1885	1890	Zunahme 1890 geg. 1885		1895	Zunahme 1895 geg. 1890		Zunahme 1895 geg. 1885	
			abſolut	relativ pCt.		abſolut	relativ pCt.	abſolut	relativ pCt.
die Einwohnerzahl	61 273	79 058	17 785	29,0	91 116	12 058	15,3	29,843	48,7
die Zahl der Haus= haltungen	12 561	16 191	3 638	29,0	19 064	2 865	17,7	6,503	51,8
die Zahl der Woh= nungen überhaupt	12 577	16 221	3 644	29,0	19 064	2 843	17,5	6,487	51,3
die Zahl der Klein= wohnungen	7 094	9 066	1 972	27,8	10 477	1 411	15,5	3 383	47,7
die Zahl der Wohn= räume	40 304	50 592	10 288	25,5	63 520	12 928	23,6	23 216	57,6
Es entfielen Ein= wohner:									
auf die Haushaltung	4,88	4,88	—		4,78	— 0,10		— 0,10	
„ „ Wohnung überhaupt	4,87	4,81	— 0,06		4,78	— 0,03		— 0,09	
auf den Wohnraum	1,52	1,56	+ 0,04		1,43	— 0,13		— 0,09	
Es enfielen Wohn= räume auf die ein= zelne Wohnung	3,20	3,12	— 0,08		3,33	+ 0,21		+ 0,13	

Während im Jahrzehnt 1885/95 die Zunahme der Wohnungen überhaupt 51,3 pCt., jene der Wohnräume sogar 57,6 pCt. betrug, haben sich die Arbeiterwohnungen von 1—2 Zimmern nur um 47,7 pCt. vermehrt, womit sie sogar hinter der Bevölkerungsvermehrung von 48,7 pCt. zurückgeblieben sind. Das Gewicht dieser Zahlen wird noch durch die Erwägung verstärkt, daß der gewaltige Bevölkerungszuwachs des letzten Dezenniums notorisch zum weitaus größten Theile auf die unteren Klassen entfällt.

Auch die seitens der Baupolizeibeamten gelieferten Aufzeichnungen über die Bauthätigkeit Mannheims bieten schätzenswerthes Material für die Beurtheilung der Wohnungsfrage. Die fraglichen Uebersichten zeigen seit dem Jahre 1889 bis mit 1894 einen auffallenden Rückgang in der Produktion von Wohnungen überhaupt, während seit 1895 wieder ein für das verflossene und laufende Jahr sogar lebhaft zu nennender Aufschwung zu verzeichnen ist. Nachstehend ist die Zahl und Art der in den Jahren 1889—1895 erfolgten Bauausführungen ersichtlich gemacht:

Wohngebäude	1889	1890	1891	1892	1893	1894	1895
I. Neue Hauptgebäude	310	182	111	73	72	60	85
Zahl der Wohnungen	1437	779	636	424	440	351	510
Zahl der bewohnbaren Räume . . .	5748	3494	2793	1937	1858	1072	1673
II. Neue Neben= und Hintergebäude . .	*)	*)	28	25	17	12	20
Zahl der Wohnungen	*)	*)	86	33	38	14	39
Zahl der bewohnbaren Räume . . .	*)	*)	269	102	102	98	72
III. Bauveränderungen und Umbauten .	236	121	96	100	115	144	129
Zahl der Wohnungen	74	36	38	19	9	15	6
Zahl der bewohnbaren Räume . . .	282	153	147	86	48	51	24
Es entfielen demnach Wohnräume auf die einzelne neu erstellte Wohnung . . .	4,0	4,6	4,2	4,3	4,0	3,2	3,18

Die Zahl der 1891—95 neugebauten Wohnungen betrug demnach 2571, woran noch die statistisch nicht festgestellten Wohnungen in Abzug kommen, welche durch die zahlreichen Niederlegungen älterer Gebäude im Innern der Stadt dem Wohnungsmarkte entzogen sind.

Im Jahre 1896 wurden Wohngebäude erstellt:

Schwetzinger=Vorstadt 25
Lindenhof=Stadttheil 45
Oestliche Stadterweiterung . 21
Neckar=Vorstadt 2c. 36
Innerstadt und Jungbusch . . . . 49.

Eine Entzifferung über die Zahl der Wohnräume liegt zur Zeit noch nicht vor, doch darf angenommen werden, daß die auf die Schwetzinger= und

*) Unter I inbegriffen.

Neckar=Vorstadt entfallenden Neubauten fast durchgängig kleine Wohnungen, die Innerstadt je hälftig kleine und mittlere Wohnungen, der Lindenhof vorzugsweise mittelgroße und die Bauten der östlichen Stadterweiterung nahezu ausnahmslos große herrschaftliche Wohnungen enthalten.

Aus Vorstehendem ergibt sich, daß seit 1890 die Bauthätigkeit sich — wenn auch immer noch in unzulänglicher Weise — der Herstellung mittlerer und kleinerer Wohnungen zugewendet, während die in den Jahren 1888— 1891 stattgefundene Produktion von großen kostspieligen Wohnungen weit über das bestehende Bedürfniß hinausgegangen ist. Seitens der Hausbesitzer wurde übrigens den Verhältnissen vielfach dadurch Rechnung getragen, daß Wohnungen von vier und mehr Zimmern in zwei, bezw. mehr kleinere zer= legt und getrennt vermiethet wurden.

Im Jahre 1894 veranstaltete das Wöchnerinnenasyl dahier zu dem Behufe, unsere wohlhabenden Einwohner von der manchmal bezweifelten Noth= wendigkeit des Bestehens der Anstalt zu überzeugen und zur nachhaltigen Unter= stützung derselben zu veranlassen, Erhebungen über die Wohnungsverhältnisse der aufgenommenen Wöchnerinnen. Dieselben erstreckten sich in fortlaufender Reihe über die in den letzten 8 Monaten des Jahres aufgenommenen Frauen und hatten folgendes Ergebniß:

Familien	mit Personen (ohne das Neugeborene)	Familien mit			Familien mit				
		1 Zimmer	2 Zimmern	3 Zimmern	1 Bett	2 Betten	3 Betten	4 Betten	5 Betten
44	2	39	5	2	21	23	—	—	—
59	3	39	18	1	14	34	8	3	—
36	4	18	17	3	2	22	10	2	—
26	5	11	12	1	—	17	5	4	—
13	6	8	4		—	4	7	2	—
11	7	4	7	1	—	1	7	3	—
6	8	3	2		—	—	3	3	—
2	9		2		—	—	1	1	—
3	10	2	1		—	—	2	1	—
200		124	68	8	37	101	43	19	—

Es hatten also unter 200 Familien 134 nur 1 Zimmer, 68 2 Zimmer und 8 3 Zimmer; sämmtliche 790 Personen (ohne die Neugeborenen) benützten zusammen 422 Betten.

Diese, eine drastische Illustration der Wohnungsverhältnisse der unteren Bevölkerungsschichten liefernde Statistik wurde auch in den folgenden Jahren fortgesetzt. Dabei ergaben sich folgende Zahlen:

1895.

Familien	mit Personen (ohne das Neugeborene)	Familien mit			Familien mit				
		1 Zimmer	2 Zimmern	3 Zimmern	1 Bett	2 Betten	3 Betten	4 Betten	5 Betten
69	2	55	12	2	39	30	—	—	—
58	3	42	12	4	17	37	4	—	—
47	4	27	17	2	5	32	10	—	—
23	5	14	7	3	—	10	11	1	1
19	6	6	13	—	—	6	8	4	1
10	7	1	7	2	—	2	5	2	1
8	8	—	2	6	—	—	6	1	1
6	9	1	4	1	—	—	1	3	2
1	10	—	1	—	—	—	...	1	—
2	11	—	2	—	—	—	—	—	2
1	12	—	—	1	—	—	—	—	1
1	13	—	—	1	—	—	-	—	1
245		146	77	22	61	117	45	12	10

1896.

Familien	mit Personen (ohne das Neugeborene)	Familien mit			Familien mit				
		1 Zimmer	2 Zimmern	3 Zimmern	1 Bett	2 Betten	3 Betten	4 Betten	5 Betten
96	2	78	17	1	41	53	2	—	—
71	3	49	17	5	11	55	5	—	—
44	4	30	14	—	3	34	7	—	—
28	5	13	12	3	1	7	17	3	—
13	6	9	4	—	—	3	7	3	—
13	7	1	11	1	—	1	8	4	—
9	8	4	5	—	—	2	5	2	—
2	9	—	2	—	—	1	—	1	—
276		184	82	10	56	156	51	13	—

Dritter Abschnitt.
Erhebungen und Urtheile des Fabrikinspectors über die badischen, insbesondere die Mannheimer Arbeiterwohnungs-Verhältnisse.

Die im Jahre 1891 erschienene Brochüre des Vorstands der Gr. Fabrik-inspection, Gr. Oberregierungsraths Wörrishoffer „Die sociale Lage der Fabrikarbeiter in Mannheim" giebt auf Seiten 201—34 eine so eingehende, nach den Angaben des Verfassers auf eigenen Anschauungen, zuverlässigen Auskünften und amtlichem Material beruhende Schilderung der Wohnungs-verhältnisse der arbeitenden Klassen unserer Stadt, daß lediglich auf dieselbe verwiesen werden mag. Es sei jedoch Folgendes aus derselben besonders hervorgehoben:

> „Das gemeinsame Merkmal der Arbeiterwohnungen im Allgemeinen ist eine bis auf's Aeußerste getriebene Einengung des den einzelnen Familien zur Verfügung stehenden Raumes." (Seite 202.)

Verfasser beschreibt die aus zwei Zimmern und einer Küche bestehenden Wohnungen, bemerkt dazu, daß eine solche Wohnung für Elite-Arbeiter mit einem Tagesverdienst bis zu M. 6.— zu gering sei und daß sie der ganzen Lebensweise dieser Arbeiter einen Charakter aufdrücke, welcher die mit ihrer sonstigen socialen Lage übereinstimmenden Gewohnheiten einer höheren Kultur-stufe anzunehmen verhindere.

> „Auch wenn diese gut bezahlten Arbeiter noch mehr Geld einnehmen würden, würde ihre ganze Existenz wegen der durch die Wohnungsverhältnisse bedingten Lebens-weise doch eine proletarische bleiben."

Denn auch mit der Verfügung über mehr Geld könnten diese Arbeiter doch nicht in größerer Zahl besser wohnen, weil bessere Wohnungen über-haupt nicht zu haben seien und weil der Wohnungswucher doch bald Wege finden würde, die Verhältnisse in seinem Interesse auszubeuten.

Um eine große Stufe steige die ganze Existenz der Arbeiterfamilien so-gleich herunter, wenn gar keine Küche vorhanden und der ganze verfügbare Raum aus zwei — mitunter allerdings ziemlich geräumigen — Zimmern bestehe. Dann werde in einem Zimmer nicht nur gekocht, es diene auch als Vorraths-raum, als Lagerraum für die Abgänge, manchmal auch noch als Trocken-raum. Daß in einer solchen Wohnung auch das bescheidenste Maß von häuslichem Behagen nicht mehr möglich sei, liege auf der Hand. In der-artigen Wohnungen träfe man nun nicht etwa kümmerlich bezahlte Leute, sondern Arbeiter von den guten Mittellöhnen bis aufwärts zu den höchsten Löhnen. Den Arbeitern mit M. 3.50 bis M. 4.— Tagelohn seien nur unter

besonders günstigen Umständen bessere Wohnungen zugänglich. Die Bau=
spekulation halte solche Wohnungen offenbar für die Arbeiter genügend, denn
in neuerer Zeit werde ein sehr großer Theil der Arbeiterwohnungen über=
haupt ohne Küche hergestellt. Auch Wohnungen mit zwei engen dumpfen
Zimmern oder mit nur einem Zimmer und einem Nebenraum ohne direktes
Licht treffe man häufig von besser bezahlten Arbeitern besetzt an, wobei
letzterenfalls der jährliche Miethzins meist gegen M. 200.— betrage.

Eine Schilderung endlich der Zustände bei Familien, deren Wohnung
nur in einem Zimmer ohne Küche oder sonstigen Nebenraum bestehe, sei
schwer zu geben, weil es sich hier um Menschen der niedersten socialen Stufe,
um Armuth, Elend, Krankheit, körperliche und sittliche Verkommenheit in
allen denkbaren Kombinationen handle. Dazu komme noch das gerade in
Mannheim sehr ausgebildete Schlafstellenwesen.

Verfasser erblickt die hauptsächlichste Schattenseite der Mannheimer
Wohnungsverhältnisse nicht in den sanitären Zuständen, deren Besserung im
Bereich der staatlichen Einwirkung liege, als vielmehr in dem zu dichten
Zusammendrängen der Bewohner und der zu knappen Bemessung des
Raumes, — einer Seite des Wohnungswesens, welche behördlichem Ein=
schreiten kaum in nennenswerthem Grade zugänglich sei, ebensowenig wie die
Aufnahme von Aftermiethern in die ohnedies bis auf's Äußerste beschränkten
Räume. Durch diese Aftervermiethung aber würde gerade die sittliche Er=
ziehung der Kinder ungünstig beeinflußt.

Nach der Meinung des Verfassers — die übrigens von beachtens=
werther Seite nur zum Theil als zutreffend anerkannt wurde
und auch sonst in hiesigen Kreisen vielfachen Widerspruch
fand — sind die Ursachen solch' ungünstiger Wohnungsverhältnisse vor=
zugsweise darin zu suchen,

„daß bei der außerordentlich raschen baulichen Entwickelung der Stadt unterlassen
„worden sei, Stadttheile zu bilden, welche der fortwährenden Steigerung der Boden=
„preise weniger ausgesetzt seien. Bei diesem Mangel sei die Bauthätigkeit auf be=
„stimmte verhältnißmäßig kleine Gebiete beschränkt gewesen, woraus fortdauernd ein
„Anreiz zu immer weiterer Steigerung der Preise der Bauplätze geschaffen worden
„sei. Folge hievon seien das Erbauen thurmhoher Häuser, weitestgehende Ausnützung
„der Grundfläche und die jetzt herrschenden hohen Miethpreise. Noch schlimmer hätten
„obige Ursachen bezüglich der älteren Gebäude im Innern der Stadt gewirkt. Hier
„habe die Zerschneidung von Wohnungen in eine Anzahl von Arbeiterwohnungen, die
„Vergrößerung der Hintergebäude und der Ausbau der Dachräume bis in die letzten
„Winkel hinein zu sogenannten Wohnungen die größten Unzukömmlichkeiten für die
„Bewohner geschaffen, weil auf deren Lebensführung noch unvollkommner Rücksicht
„genommen werden konnte, als bei Neubauten.“

„Der durch die geschilderten Ursachen begünstigte rasche Besitzwechsel von
„Arbeiterwohnhäusern sei die Hauptursache der Vertheuerung derselben, weil jeder
„Vorbesitzer einen Gewinn dabei erzielen wolle, und zudem der jedesmalige Kaufs=
„preis sich um den Betrag der Accise (2½ %) erhöhe. Dies führe zu einem Hinauf=
„schrauben der Miethpreise und zu weiterer Herabminderung des Raumbedürfnisses
„auf Seiten der Miether. Die hohen Miethpreise erführen noch dadurch eine be=
„trächtliche Steigerung, daß nur eine gewisse Art von Leuten sich mit dem Ver=

„miethen an Arbeiter besaße, weil die meisten Menschen nicht die Erträgnisse ihres
„Eigenthums von Solchen eintreiben wollten, welche von der Hand in den Mund
„leben. Dadurch erhielten die minder Scrupulösen eine Art Monopol und sie er-
„heben in Folge davon wirkliche Monopolpreise. Hierzu komme, daß ein freier
„Wettbewerb des zur Verfügung stehenden Kapitals nicht vorhanden sei. Daher die
„unerhört hohe Rente einzelner solcher Miethkasernen, welche in anderen Fällen nur
„dadurch geschmälert sei, daß das Haus weit über dem wahren Miethwerth erworben
„worden sei."

Der Arbeiterwohnungsfrage ist auch ein breiter Raum in den außer
der besprochenen Schrift erschienenen Veröffentlichungen der Gr. Fabrik-
inspection gewidmet.

Im Jahresberichte pro 1892 beklagt die genannte Behörde den ein-
getretenen Rückgang in der Erstellung solcher Wohnungen durch die Arbeitgeber und bemerkt hiezu:

„Daß auf diesem Gebiete das steigende Wohnungsbedürfniß durch die —
einzeln erwähnten — bescheidenen Leistungen nicht befriedigt wurde, ist ohne Weiteres
einleuchtend.

Es zeigt sich dies aber auch darin, daß in der Nähe großer Fabriken Besitzer
des Grund und Bodens und kleine Unternehmer sich die so geschaffene Zwangslage
der Arbeiter zu Nutze machen und Häuser herstellen, in denen sie durch knappe Zu-
theilung nach jeder Richtung möglichst viele Arbeiterwohnungen zu hohem Preise
unterbringen. . . . . . Als eine besonders auffallende Erscheinung auf diesem Gebiete
muß ausdrücklich registrirt werden, daß in der ersten Fabrikstadt des Landes, in
Mannheim, nur eine der großen und gut situirten Fabriken der Stadt Arbeiterwohnungen hergestellt hat, obgleich die Wohnungen der Arbeiter in Mannheim ungünstiger sind, als an irgend einem anderen Orte des Landes. . . . . . Bei den durch
die Fabriken gebauten Arbeiterwohnungen fällt neben ihren sonstigen Vortheilen eine
ähnliche Ausbeutung der Arbeiter, wie sie bei den auf Spekulation hergestellten
Arbeiterwohnungen getroffen wird, vollständig weg. In den meisten Fällen geht man
sogar nach der entgegengesetzten Richtung viel zu weit, indem dann die Arbeiterwohnungen zu Preisen vermiethet werden, die nach Bestreitung der Unterhaltungskosten nicht mehr den landesüblichen Zins übrig lassen, was einer gesunden Weiter-
entwicklung hinderlich ist."

Als weiteren Uebelstand, der den von Arbeitgebern hergestellten Wohnungen zumeist anhaftet, bezeichnen die Ausführungen die sehr kurzen, überdies
vielfach an die Dauer des Arbeitsverhältnisses geknüpften Kündigungsfristen
und es ist der Wunsch ausgesprochen, daß hierin eine Besserung eintrete,
dagegen in der Bemessung der Miethzinsen der Werth der Wohnung mehr
in Rechnung gezogen werde.

Der Bericht für das Jahr 1893 konstatirt einen geringen Aufschwung
in der Erbauung von Arbeiterwohnungen durch Industrielle und erwähnt
namentlich auch den unten näher zu besprechenden, von Kommerzienrath
ten Brink (Arlen) zu Konstanz unternommenen Versuch einer thunlichst
billigen Bauherstellung, durch welche die sonst zur Erzielung einer Rentabilität unvermeidliche, zu weitgehende Raumausnützung vermieden werden
soll. Wo es sich um ortsansässige Arbeiterbevölkerung handle, zögen es
manche Arbeitgeber vor, anstatt selbst Wohnungen zu bauen, den Arbeitern

zu diesem Zweck Darlehen zu billigem Zinsfuße und leichten Bedingungen für die Rückzahlungen zu geben.

Auch der Jahresbericht für 1894 erwähnt, daß an manchen Orten des Landes die Wohnungen der industriellen Arbeiter in hohem Grade überfüllt und von ungenügender Beschaffenheit seien. Von der in einzelnen Fällen her= beigeführten polizeilichen Untersagung der weiteren Benützung solcher Wohnungen habe anderorts Umgang genommen werden müssen, um nicht die betreffenden Bewohner in eine noch schlimmere Lage zu versetzen. Die aus solchen Veran= lassungen von der Fabrikinspection gegebenen Anregungen zu dem Bau von Arbeiterwohnungen seien häufig den mannigfachsten Einwendungen begegnet so sei z. B. der hohe Geländepreis, die strengen Vorschriften der Bauordnung in ihrer Anwendung auf die Herstellung einfacher Arbeiterwohnungen 2c. vor= geschützt worden.

Das Unternehmen ten Brink's sei durchaus gelungen, ohne daß indessen solches irgend erhebliche Nachahmung gefunden hätte, was die Fabrikinspection der namentlich aus den Kreisen der Bauhandwerker geübten sehr übelwollen= den Kritik desselben zuschreibt. Dagegen habe sich eine etwas größere Bau= lust unter den Arbeitern selbst gezeigt. Nicht immer aber werde in solchen Fällen das, wenn auch in noch so großem Umfange vorhandene Bedürfniß nach besseren Wohnungen auf zweckmäßige Art befriedigt. Vielfach zeige sich dann ein Bestreben, nicht sowohl sich zu billigem Preise ein eigenes Heim zu beschaffen, als vielmehr Spekulationsbauten zu errichten, durch deren Vermiethung man einen Ueberschuß über die aufzubringenden Zinsen zu erzielen hoffe. Solche Arbeiter zögen dann gewöhnlich in die Dachkammern des von ihnen erbauten Hauses und wohnten alsdann manchmal schlechter als zuvor.

Eines in Miethskasernen größerer Städte sich manchmal zeigenden großen Mißstandes geschieht in dem Berichte ebenfalls Erwähnung. Hier halte der Hausverwalter in der Regel einen Kolonialwaarenladen, in welchem die Waaren etwas theurer verkauft würden, als in den gewöhnlichen Geschäften. Die Bewohner solcher Miethskasernen, bis zu 80 Familien, seien dann ge= nöthigt, im Laden des Hausverwalters zu kaufen, wenn sie sich nicht Kün= bigungen, Miethssteigerungen und Unannehmlichkeiten aller Art aussetzen wollen. Vielfach bekämen dann die Arbeiter nicht nur im Laden Kredit, sondern erhielten auch leicht eine mehrmonatliche Stundung der Miethe. Diese Zustände begünstigten eine Verschuldung und ein Versinken der be= treffenden Miether in Abhängigkeit nach zwei Richtungen, hinsichtlich des Waarenbezugs und der Miethe. Gegen diese Ausbeutung biete die Gesetz= gebung keinen Anhalt.

In eingehender Weise werden in den Jahresberichten für 1893 und 1894 die Thätigkeit der gemeinnützigen Baugesellschaft dahier, sowie die Bemühungen der Versicherungsanstalt Baden in der Wohnungsfrage behandelt.

Sehr ausführlich bespricht der Jahresbericht für 1895 wiederum die Arbeiterwohnungsverhältnisse Mannheims.

Nachdem der Bericht über die mangelhafte Ausstattung und den un=
genügenden Luftraum eines Theils der von dem Fabrikinspector persönlich
besichtigten Räume für Schlafgänger Klage geführt, fährt er wörtlich fort:

> „Bei der Besichtigung der Unterkunftsräume für Schlafgänger wurden ge=
> legentlich auch die in denselben Häusern befindlichen Wohnungen verheiratheter Arbeiter
> in Augenschein genommen. Hierbei zeigten sich noch die Mißstände der gleichen Art,
> wie sie bei den vor fünf Jahren vorgenommenen Erhebungen über die sociale Lage
> der Fabrikarbeiter in Mannheim zu Tage traten, was bei der raschen Bevölkerungs=
> zunahme der Stadt auch erklärlich ist. Eine Wohnung hatte zwei Räume ohne Küche.
> Der eine der beiden Räume war dunkel. Sie haben eine Höhe von 2,6 m und
> 65,5 cbm Inhalt. Die Wohnung wird von Mann, Frau und sieben Kindern im
> Alter von 6—18 Jahren bewohnt und kostet monatlich M 14.—. Auf den Be=
> wohner kommen daher nur 7,3 cbm Luftraum. Eine andere Wohnung hatte eben=
> falls nur zwei kleine Räume und keine Küche. Ihre Höhe ist 2,6 m, ihr Inhalt
> 56,5 cbm. Sie wird von Mann, Frau und sechs Kindern im Alter von 2—13
> Jahren bewohnt. Es entfallen daher auf den Bewohner 7,1 cbm Luftraum. Sie
> kostet monatlich ebenfalls M. 14.—.“

Der Bericht bemerkt weiter:

> „Es handelt sich hierbei nicht um Wohnungen, die ihrer ungünstigen Verhält=
> nisse wegen besonders aufgesucht wurden, sondern um solche, die gelegentlich der oben=
> genannten Besichtigung ebenfalls angesehen wurden. . . . . . Durch derartige als
> Ergebniß gelegentlicher Besichtigungen gemachte Mittheilungen sollen weder Verall=
> gemeinerungen ausgesprochen, noch die Zustände der Arbeiterwohnungen in den be=
> treffenden Orten als ausnahmsweise ungünstig bezeichnet werden.“

Ueber eine charakteristische Wahrnehmung in Bezug auf die Wohn=
verhältnisse in Sandhofen und anderen industriellen Dörfern ist, wie folgt,
berichtet:

> „Auch unter den Arbeitern selbst bildet sich da und dort Wohnungswucher.
> Diejenigen, welche über etwas Geld verfügen, bauen für M. 3500.— bis M. 5000.—
> ein etwas größeres Arbeiterhaus, vermiethen davon zwei Zimmer an eine Arbeiter=
> familie und pressen aus denselben mehr heraus, als Zins und Amortisation für das
> gesammte aufgewendete Kapital ausmacht. Sie machen es genau so, wie sie es
> vorher bei anderen kleineren Speculanten gesehen haben.“

Uebrigens konstatirt die Schrift unter Anführung von Einzelheiten, daß
auch in Heidelberg die Besichtigung einer Reihe von Wohnungen verheiratheter
Arbeiter alle charakteristischen Merkmale eines bei der unbemittelten Bevölkerung
der Stadt herrschenden intensiven Wohnungsmangels vorhanden seien: Aeußerste
Ausnützung aller, auch der ungeeignetsten Räume zu Wohnzwecken, dichte
Zusammendrängung der Bewohner und verhältnißmäßig hohe Preise.

Das im ganzen Lande nur bescheidene Fortschreiten des Baues von
Arbeiterwohnungen durch die Arbeitgeber sei durchaus nicht nur dem Mangel
an Interesse und an Bereitwilligkeit zum Eingreifen seitens der Arbeitgeber
zuzuschreiben, sondern fast mehr noch anderen Umständen. Durch die Haus=
besitzer, die kleineren Bauunternehmer und die ihre Interessen wahrnehmenden
Gemeindebehörden würden nicht selten solchen Unternehmungen Hindernisse
aller Art bereitet. Die größten Schwierigkeiten böten aber die örtlichen Bau=

ordnungen mancher Gemeinden, und der strikte, nach dem Buchstaben sich richtende Vollzug derselben durch die Behörden.

Diese Bauordnungen seien in der Regel durch das Bestreben geleitet, ein schönes Bauen sicher zu stellen und sie träfen daher manche kostspielige Anordnungen. Von den Ausnahmsbestimmungen werde nur höchst selten Gebrauch gemacht. Hierdurch sei auch der Bau von Arbeiterwohnungen Vor= schriften unterworfen, für die in den Bedürfnissen der arbeitenden Klassen kaum ein Anlaß vorhanden sei. Nach dem Urtheile des Fabrikinspectors ver= theuern diese Vorschriften nicht nur die Miethzinsen der Arbeiter, sondern sie verschärfen auch den Mangel an kleinen Wohnungen und wirken trotz ihrer ästhetischen Richtung wegen ihrer Einseitigkeit und bei einer sich nur an den Wortlaut haltenden Durchführung mit der Zeit geradezu kulturfeindlich. Auch die Art des Vollzuges mancher hygienischer Vorschriften gehören hierher. In Folge des durch diese Verhältnisse mitverschuldeten theueren Bauens müßten die Arbeiter hohe Miethzinsen bezahlen, ohne daß die Arbeitgeber auch nur annähernd auf den landesüblichen Zinsfuß für ihren Aufwand kämen. Die geschilderten Umstände seien geeignet, auch den hülfsbereitesten Arbeitgeber zu entmuthigen, weßhalb gewünscht werden müsse, daß bei der Erlassung und dem Vollzug der bau= und gesundheitspolizeilichen Vorschriften auch die socialen Gesichtspunkte mehr als bisher berücksichtigt würden.

Der Bericht des Fabrikinspectors für das Jahr 1896 schildert den Verlauf der Verhandlungen wegen Subventionirung der „Gemeinnützigen Baugesellschaft" dahier und knüpft hieran folgendes Urtheil:

„Ohne zu dem Projekte selbst oder zu den für seine Ablehnung geltend ge= machten Gründen Stellung zu nehmen, kann doch gesagt werden, daß auch aus dem Verlaufe dieser Angelegenheit hervorgeht, daß auf diesem Gebiete eine Besserung nur durch umfassendere Maßregeln und weniger durch Unterstützung eines einzelnen Unter= nehmens herbeigeführt werden kann. Als solche Maßnahmen können in Betracht kommen: Schaffung ausgedehnter Bauquartiere, besondere, den Bedürfnissen der be= treffenden Bevölkerung angepaßte Bauordnung für diese Quartiere, sowie gute und billige Verkehrseinrichtungen zu ihrer Verbindung mit den Arbeitsstellen. Es handelt sich also hier um Aufgaben, deren erfolgreiche Lösung an alle Betheiligten die höchsten Anforderungen stellt."

Auf die weiteren Mittheilungen des Berichts — vorzugsweise statistischer Natur — ist bereits an anderer Stelle eingegangen.

Vierter Abschnitt.
Polizeiliche und gesetzgeberische Maßnahmen in der Wohnungsfrage.

Nach § 12 der badischen Ministerialverordnung vom 27. Juni 1874, betr. die Sicherung der öffentlichen Gesundheit und Reinlichkeit, kann der Bezirks= rath nach Benehmen mit dem Stadtrath Untersuchungen der Miethwohnungen, in welchen durch ihre bauliche Beschaffenheit, durch den Mangel an Luft und Licht, durch Feuchtigkeit oder die Einwirkung von Ausdünstungen die Gesund= heit der Bewohner gefährdet wird, durch den Ortsgesundheitsrath oder be= sondere Kommissionen anordnen, in welch' letztere der Bezirksarzt, ein Be= zirksrath, ein Mitglied des Stadtraths und ein Bauverständiger berufen werden müssen. Die Kommission hat dem Bezirksrath über die Ursachen der Gesundheitsgefährdung und die Mittel zur Abhülfe zu berichten. Sind die Mißstände eine Folge der Handlungen oder Unterlassungen des Eigenthümers, so bestimmt der Bezirksrath, in welcher Weise und in welchen Fristen dieser für Abhülfe zu sorgen hat. Wird der Auflage nicht entsprochen oder rühren Mißstände nicht von dem Eigenthümer her oder ist eine Abhülfe nicht thun= lich, so kann der Bezirksrath die weitere Vermiethung zu Wohnungen untersagen.

Schon in den 1880er Jahren waren, wie bereits im ersten Abschnitt dargelegt, die Wohnungsverhältnisse eines Theils unserer ärmeren Bevöl= kerung recht unbefriedigend. Diese Thatsache trat deutlicher noch als in der Armenpflege bei Ausübung der Ortspolizei zu Tage. Doch beschränkte sich die Polizeibehörde längere Jahre hindurch auf die Abstellung der Mißstände in den ihr gerade bekannt werdenden Einzelfällen. Im Winter 1887/88 da= gegen wurden durch die Schutzmannschaft in einer größeren Anzahl von Miethshäusern Erhebungen über die Beschaffenheit der Arbeiterwohnungen vorgenommen. Das Ergebniß derselben gab Veranlassung, im Jahre 1890 eine nach Maßgabe der erwähnten Verordnung organisirte umfassende Unter= suchung der Wohnverhältnisse folgen zu lassen und zur dauernden Beobachtung derselben eine besondere Beamtung, die Wohnungskontrole zu schaffen.

Näheres hierüber ist im „Verwaltungsbericht der Stadt Mannheim" Band II Seite 149—156 berichtet. Zur Ergänzung des dort Gesagten sei das im Bericht des Gr. Bezirksamts vom 24. Januar 1891 an Gr. Mini= sterium des Innern über den Fortgang der Untersuchung enthaltene Urtheil über die hiesigen Bau= und Wohnverhältnisse nachstehend wiedergegeben:

„Die Bebauungsverhältnisse sind im Allgemeinen günstige. Durch die geraden
„und fast durchweg breiten Straßen ist für Licht und Luftzutritt hinreichend gesorgt. Da
„die frühere Stadtbefestigung eine erhöhte Ausnützung des in seiner Ausdehnung
„beschränkten Baugeländes verlangte, fehlen in dem von jeher von der Arbeiterbevöl=
„kerung bewohnten Stadttheile die Höfe in der erforderlichen Größe, dies ist insbe=
„sondere in den Straßen der Fall, welche an die frühe Umwallung angebaut waren.
„Bei der mangelhaften baupolizeilichen Aufsicht in der Zeit vor Inkrafttreten der
„Landesbauordnung konnten durch Einbauten im Hofe zum Theil ungesunde und für
„die Dauer unhaltbare Zustände geschaffen werden, deren Beseitigung wegen der,
„meistens ungünstigen Vermögenslage der Eigenthümer kleinerer, vielfach von den
„Rechtsvorgängern hypothekarisch belastet übernommenen Wohngebäude auf erhebliche
„Schwierigkeiten stößt. Bei dem gleichmäßigen Bestreben der Hauseigenthümer, die
„Miethserträgnisse auf jede Weise, insbesondere durch Platzausnützung zu erhöhen,
„haben sich fast überall ähnliche Mißstände herausgebildet, die hauptsächlich in dem
„Mangel von Nebenräumen, wie Speicher und Keller, in der zu geringen Anzahl von
„Küchen und Aborten, sowie in der nicht genügenden Zulänglichkeit und Feuersicherheit
„der in den Dachstockräumen eingerichteten Miethwohnungen und Miethschlafstellen
„bestehen. Für Luft= und Lichtzutritt ist in fast allen Fällen hinreichend gesorgt;
„den hierwegen ergehenden Auflagen kann auch stets ohne zu großen Kostenaufwand
„entsprochen werden. Ein Hauptaugenmerk wurde den gänzlich vernachlässigten Abort=
„anlagen zugewendet. Die Abortgruben sind infolge der seit etwa einem Jahr in
„hiesiger Stadt eingerichteten Grubenkontrole meistens in vorschriftsmäßigem Zustand,
„dagegen ist die Anlage der Abortüberbaue in älteren Gebäuden eine äußerst un=
„günstige; durch den Einbau in die Gebäude selbst fehlt fast durchweg jede aus=
„reichende Ventilation und die Grubengase können trotz Anbringung von Dunströhren
„ungehindert in die Gebäude eindringen. Abortsitze sind in zu geringer Anzahl vor=
„handen und fehlen in den Dachwohnungen. Auf unsere Auflagen, für Miethwoh=
„nungen wenigstens in jedem Stockwerk einen leicht zugänglichen Abortraum mit
„einem nach der Anzahl der bewohnten Räume sich richtenden Anzahl von getrennten
„Sitzen einzurichten, haben die meisten Gebäudeeigenthümer sich zum Abortneubau
„entschlossen. Die erzielten Verbesserungen sind ganz erhebliche.“

„Anlangend die Miethwohnungen selbst, so haben die umfangreichen Erhe=
„bungen ergeben, daß, wie allerwärts beobachtet, die Miethpreise für kleinere Arbeiter=
„wohnungen nicht im richtigen Verhältniß zum Benützungswerth der Miethräume
„stehen. Die Bauthätigkeit war zwar in den letzten zwanzig Jahren hier eine sehr
„rege: Die Zahl der erstellten Gebäude, welche ihrer Ausstattung und inneren Ein=
„richtung nach sich zur Vermiethung an die Arbeiterbevölkerung eignen, entspricht aber
„nicht dem nach dem erheblichen Zuwachs der letzteren sich bemessenden Bedürfniß.
„Nach Ausbau der Vorstädte hält sich die Bauspekulation von der Errichtung größerer
„Arbeiterwohnhäuser im Hinblick auf die beim Einzug der Miethpreise und dem
„Wechsel der Miether sich ergebenden Schwierigkeiten zurück; die größeren Geldinsti=
„tute sind auch in den letzten zwei Jahren viel vorsichtiger in der Gewährung von
„Mitteln an das spekulative Baugewerbe geworden, was an sich nicht zu bedauern
„ist. Bedenklich ist nur, daß eine Vermehrung der Miethwohnungen in den ausgebauten
„Theilen der Stadt eingetreten ist, was nur zum Nachtheil der öffentlichen Gesundheit
„durch Herstellung kleiner Miethwohnungen von zwei oder drei Zimmern, durch Ver=
„wandlung von Küchen in Wohngelasse und durch Umbau der freien Speicherräume
„in Dachstockwerke geschehen konnte. Trotzdem der Bau= und Sanitätspolizeibehörde
„diesen Bestrebungen thunlichst entgegengetreten wurde, muß auf Grund der Erhebungen
„konstatirt werden, daß der größere Theil der hiesigen Arbeiterbevölkerung in Hinter=
„und Nebengebäuden zusammengedrängt wohnt und an den zur Hebung der öffentlichen

„Gesundheit getroffenen Einrichtungen wenig theilnimmt. Die Zustände sind aber in „hiesiger Stadt um deswillen weniger bedenklich, weil die Zahl der sogenannten „Miethskasernen eine geringe ist."

Die Erledigung der auf Veranlassung der Enquete ergangenen polizei= lichen Auflagen verzögerte sich bis in das Jahr 1895, weil die Verbesserung des baulichen Zustandes der fraglichen Häuser einerseits an dem Fehlen einer Kanalisation in den Nebenstraßen der Stadt, andererseits an der ökonomischen Leistungsunfähigkeit des betreffenden Eigenthümers ein schwer zu beseitigendes Hinderniß fand.

Auch an andern Orten unsers Landes fanden, angeregt durch die Schilderungen in den Jahresberichten des Großh. Fabrikinspektors polizeiliche Untersuchungen gleicher Art statt.

Das Großh. Ministerium nahm, gestützt auf die Resultate derselben Anlaß, mit Zirkularerlaß vom 19. April 1895 Nr. 8405 den Bezirksämtern zu empfehlen, den Wohnungszuständen der Arbeiterbevölkerung ihre volle Auf= merksamkeit zuzuwenden, beim Vorhandensein von Mißständen durch geeignete Anregung, erforderlichenfalls durch polizeiliche Maßnahmen auf eine günstigere Gestaltung der Wohnungsfrage hinzuwirken.

Einem gleichzeitig ertheilten Auftrage zufolge erstattete das Großh. Bezirksamt dahier dem Ministerium nach vorheriger Anhörung des Bezirks= arztes und des Wohnungskontroleurs unterm 18. September 1895 Bericht wie folgt:

„.... Als Resultat der bau= und gesundheitspolizeilichen Maßnahmen der Jahre 1890—94 kann man bezeichnen, daß hiedurch eine umfassende günstigere Gestaltung der Wohnungsverhältnisse und eine wesentliche Besserung der früheren Zustände eingetreten ist, so daß man mit Befriedigung auf diese Thätigkeit blicken kann."

„Natürlich sind aber hiedurch ideale Zustände noch lange nicht geschaffen und giebt es da und dort noch Vieles zu bessern. Ein polizeiliches Einschreiten ist aber jetzt nur von Fall zu Fall möglich, sei es, daß gesundheits= und sittenpolizeiwidrige Zustände durch Wahrnehmung der Polizeiorgane, sei es durch Anzeigen oder Be= schwerden zur diesseitigen Kenntniß gelangte. Hieher gehören insbesondere die Fälle, daß einzelne Räume überfüllt sind, daß feuchte oder mangelhaft mit Licht und Luft versehene Räume bewohnt, oder daß solche, welche zu Wohn= und Schlafzwecken abge= sprochen waren, nach mangelhafter Verbesserung wieder in Benützung genommen werden. Da nach Bekanntwerden solcher Mißstände jedesmal sofort die geeigneten Schritte gethan werden, sind Fälle dieser Art in letzter Zeit seltener geworden.

Ein weiteres Resultat der Enquete war die Feststellung, daß ein thatsächlicher Mangel an Arbeiterwohnungen an sich, bestehend aus Zimmer und Küche, 2 Zimmer und Küche und 3 Zimmer und Küche, z. Z. in Mannheim nicht vorliegt.

Es sind gesunde Wohnungen dieser Art genug vorhanden. Der Fehler aber, welcher vielen derselben anhaftet, ist der, daß sie im Preise gegenüber dem durch= schnittlichen Einkommen eines Arbeiters zu hoch sind und der Arbeiter deshalb vielfach nicht in der Lage ist, eine der Größe seiner Familie entsprechende Wohnung zu miethen. So lange nun aber die Anforderungen auf Billigkeit der Wohnungen noch nicht erfüllt sind, so lange die geringsten Arbeiterwohnungen zum Theil im Verhältniß wesentlich höher im Preise sind als geräumige Wohnungen, so lange der Kubikmeter

Luftraum in den Arbeiterwohnungen überhaupt viel theuerer bezahlt werden muß, als in den Wohnungen der Wohlhabenden, so lange ist für den Arbeiter Wohnungs= noth vorhanden. Die Folge davon aber ist, daß wo eine im Preis den Einkommens= verhältnissen nicht entsprechende Wohnung bezogen wird, dieses Mißverhältniß durch Aufnahme von Schlafgängern wieder auszugleichen versucht wird.

Dann tritt aber meist wieder das Hauptübel — die Ueberfüllung der Woh= nungen — mit seinen sanitär und besonders auch sittlich bedenklichen Folgen zu Tage. Dies ist wohl mit die wichtigste Seite der Wohnungsfrage und wer Einblick in die sittlichen Zustände in vielen Familien der unteren Bevölkerungsklassen gewinnt, wer die Kriminalstatistik in hiesiger Stadt verfolgt, wird deren Bedeutung nicht unterschätzen. So manches zerstörte Familienleben und Familienglück, so manches vergiftete und verdorbene Kinderherz und so manche Verbrecherlaufbahn ist hierauf zurückzuführen und oft thut sich einem ein Abgrund sittlicher Rohheit und Verkommen= heit auf.

Eine ortspolizeiliche Vorschrift auf Grund § 136 Pol.St G.B. besteht hierorts seit 28. Dezember 1864 bezw. 23. November 1894.

Die hier interessirenden Bestimmungen (§§ 4 und 5) desselben sind das Verbot des Vermiethens von Schlafstellen an Personen beiderlei Geschlechts in einem Hause, sowie der Benützung eines Betts durch mehr als eine Person.

Wo immer Uebertretungen dieser Bestimmungen zur amtlichen Kenntniß ge= langen, erfolgt entsprechendes Einschreiten.

Was nun die Bauthätigkeit auf dem Gebiet der Arbeiterwohnungen in den letzten fünf Jahren betrifft, so wurden weder von der Stadtgemeinde noch von Kor= porationen, gemeinnützigen Vereinen und Baugesellschaften diesbezügliche Unternehm= ungen zur Ausführung gebracht. Jedoch haben doch einzelne Bauunternehmer eine große Anzahl von Häusern mit Arbeiterwohnungen errichtet, welche allen Ansprüchen in Bezug auf Luft, Licht und Geräumigkeit gerecht werden.

Um das vorhandene Wohnungsbedürfniß zu mindern, d. h. gesunde Wohnungen zu billigen Preisen zu schaffen, beabsichtigt z. Z. die hiesige gemeinnützige Baugesell= schaft ihre Arbeiterwohnhaus=Kolonie am Ende der Schwetzinger=Vorstadt dahier wesentlich zu vergrößern, wie ja bereits in dem Jahresbericht der Großh. Fabrik= Inspektion für 1894 erwähnt ist.

Dieselbe ist dieserhalb beim Stadtrathe wegen Erwerbung von Gelände zu ermäßigten Preisen vorstellig geworden.

Die Stadtverwaltung ist der Gesellschaft in weitgehender Weise entgegenge= kommen und sollen zwischen beiden Theilen die Verhandlungen soweit gediehen sein, daß demnächst eine Vorlage an den Bürgerausschuß erfolgen wird.

Eine allgemeine Förderung dieser Frage wäre nur durch Hergabe von billigem Bauterrain seitens der Stadtgemeinde an gemeinnützige Gesellschaften und an einzelne Bauunternehmer, welche sich besonders aufzustellenden Bedingungen über Erbauung, Verwerthung und Verkauf von Arbeiterwohnhäusern unterziehen und sich der Kontrole einer Aufsichtskommission unterstellen, zu bezwecken. Auch würde wohl auf die weiteren Bestrebungen in dieser Richtung die theilweise oder gänzliche Befreiung von Straßen= und Auffüllungskosten nicht ohne erheblichen Einfluß sein. Das Ideal der Erbauung kleinerer Arbeiterwohnungen in losem Zusammenhange für nur eine Familie mit an= stoßendem Garten wird jedoch bei den hohen Preisen des Terrains in Mannheim kaum ausführbar sein."

Die Großh. Regierung gewann aus den Berichten der Bezirksbehörden die Ueberzeugung, daß den Gefahren und Nachtheilen, welche die ungenügende bauliche Beschaffenheit mancher Wohnungen (wie Mangel an Luft und Licht,

Feuchtigkeit oder Einwirkung von Ausdünstungen, für die Gesundheit der Be=
wohner und die Ueberfüllung der Wohnräume, insbesondere das dichte Zu=
sammenwohnen von Personen verschiedenen Geschlechts und Alters für die
Sittlichkeit hervorzurufen geeignet seien, in den stark bevölkerten und in Folge
der gebotenen Arbeitsgelegenheit rasch sich ausdehnenden Industrieorten des
Landes nur durch regelmäßige polizeiliche Visitation und nachdrückliche
Durchführung der auf Grund derselben getroffenen Anordnungen wirksam vor=
gebeugt werden könne, daß aber die bisherigen gesetzlichen Grundlagen für das
entsprechende Vorgehen nicht ganz ausreichend seien. Die seither maßgebenden
Bestimmungen des badischen Polizeistrafgesetzbuches lauten:

„§ 87a. Wer den zur Sicherung der öffentlichen Gesundheit erlassenen Ver=
„ordnungen oder den auf Grund solcher Verordnungen ergangenen bezirks= oder orts=
„polizeilichen Vorschriften zuwiderhandelt, wird 2c. 2c. bestraft.“

„§ 116. Wer als Bauherr, Baumeister oder Bauhandwerker den Verordnungen
„über die Baulinie, die Festigkeit, die Feuersicherheit und Gesundheit, den örtlichen
„Bauordnungen oder den nach Maßgabe dieser Polizeivorschriften in den einzelnen
„Fällen von der Baupolizeibehörde getroffenen besonderen Anordnungen zuwiderhandelt,
„wird 2c. bestraft.“

„§ 136. Wer sich mit dem Vermiethen von Schlafstellen an Dienstboten,
„Arbeitsgehilfen, Lehrlinge befaßt, und dabei den zur Ueberwachung dieses Geschäfts=
„betriebs erlassenen ortspolizeilichen Anordnungen zuwiderhandelt, wird 2c. bestraft.“

Die Regierung vermißte in diesen Vorschriften einen bestimmten Ausdruck
der Verantwortlichkeit der Hauseigenthümer und ihrer Stellvertreter für die
Instandhaltung der zum Vermiethen benützten Räume in bau= und gesund=
heitspolizeilicher Hinsicht, sowie für die Beobachtung der Gebote der Sitte
und des Anstandes in Mieths=, Aufenthalts= und Schlafräumen.

Demgemäß brachte die Regierung in der Landtagssession 1895/96 eine
entsprechende Ergänzung des Polizeistrafgesetzbuchs in Vorschlag.

An die Behandlung dieser Angelegenheit in den Kommissionsberichten
und den mündlichen Verhandlungen der Landstände knüpften sich umfassende,
theilweise sehr bemerkenswerthe Erörterungen.

Der von der Kommission der II. Kammer erstattete Bericht findet über=
einstimmend mit der Fachliteratur eine auffallende Lücke darin, daß, obgleich
doch alle Bauordnungen nicht die Herstellung eines gewissen Zustandes der
Wohnungen, sondern einen solchen des Wohnens als letztes Ziel haben,
die Landesgesetze und Bauordnungen sich auf solche Bestimmungen beschränken,
welche die Herstellung guter Wohnungen bezwecken, sich aber um die Be=
nützung der vorhandenen Wohnungen fast gar nicht bekümmern. Die von
der Regierung angeregte Ergänzung des Polizeistrafgesetzbuchs bezwecke nun
eine Vervollständigung der badischen Bauvorschriften durch Hinzufügung von
Bestimmungen über das Wohnen und stelle sich damit in den Dienst einer
hochwichtigen sozialpolitischen Aufgabe. Sie sichere den denkbar wirksamsten
Vollzug der zur Besserung der beklagenswerthen Wohnungsverhältnisse an den
Industrieplätzen unternommenen polizeilichen Maßnahmen und werde deshalb

ben erwarteten wohlthätigen Einfluß nicht verfehlen. Ein nachdrücklicher, wenn auch schädliche Ueberstürzung vermeidender Vollzug, wonach einzelne wegen Feuchtigkeit, Mangel an Luft und Licht, übler Ausdünstungen ungesunde Wohnräume als solche überhaupt nicht mehr benützt, andere Wohnräume nicht mehr über ein gewisses Maß benützt werden dürfen, werde mehr als jede andere Maßregel zur Folge haben, daß Ersatz in anderen, gesünderen, noch nicht bis zur zulässigen Grenze bewohnten Räumen oder in neuhergestellten Wohnhäusern gesucht werden muß; es werde ein Bedarf an Wohnhäusern für kleinere, aber entsprechende Wohnungen eintreten, und es werde sich die Bauspekulation mehr als seither auf die Herstellung solcher kleiner, aber dem gesteigerten Raumbedürfnisse Rechnung tragender Wohnungen werfen können.

Hier werde es sich allerdings darum handeln, die Klippe einer noch weitergehenden Vertheuerung der kleineren Wohnungen zu vermeiden, was wohl nur auf dem Wege der Verwendung billigen Bauareals möglich sein werde, da gerade die gegenwärtig wegen allzu theurer Bauplätze inmitten der Städte mit übermäßig hohem Aufwand erstellten Wohnhäuser eben nur bei einer bis ins Unzulässige gesteigerten Ausnützung aller Räume noch einen angemessenen Miethzins abwerfen, trotzdem der Miethzins für die kleineren Wohnungen erfahrungsgemäß verhältnißmäßig beträchtlich höher sei, als für die größeren.

„Können hiernach polizeiliche Maßnahmen durch Beseitigung polizei„widriger Zustände nur mittelbar zur Besserung der Wohnungsverhältnisse „beitragen, indem sie den Boden dafür vorbereiten, so müssen diese Maß„nahmen ihre Ergänzung vor Allem in einer verständig geleiteten Bauspeku„lation finden, welche wiederum die Gemeinden, beispielsweise durch Schaffung, „Vermittelung, möglicherweise selbst Gewährung billigen Baugrundes in „günstiger Weise zu beeinflussen vermögen. Auch sonstiger staatlicher und „Gemeindemaßregeln wird es bedürfen. Abgesehen von der mehr und mehr „erörterten Frage, ob nicht Staat und Gemeinde im Falle einer vorhandenen „Wohnungsnoth ihren auf kleinere Wohnungen angewiesenen Beamten die Er„langung preiswerther Wohnungen ermöglichen und insbesondere die Her„stellung kleiner billiger Wohnungen in eigener Regie in's Auge fassen sollten, „wird der Staat als Eisenbahnunternehmer durch Verkehrseinrichtungen und „Tarife (Vermehrung der Haltepunkte, Einlegung von Lokalzügen u. s. w.) „das Wohnen auch außerhalb der Verkehrszentren in deren näheren oder „entfernteren Umgebung ermöglichen oder erleichtern können. Vieles ist auch „geschehen und wird auch noch geschehen können von einzelnen Unternehmern „für Besserung der Wohnungsverhältnisse ihrer Arbeiter, von gemeinnützigen „und wohlthätigen Vereinen, von einzelnen Wohlthätern und Menschen„freunden zu Gunsten der Wohnungen der weniger bemittelten Bevölkerung „überhaupt.

„Derartige dankenswerthe Veranstaltungen werden von um so allge„meinerem Nutzen sein, je mehr dies zum Theil schon z. B. durch die ten

4*

„Brink'ſchen Wohnungen in Konſtanz, die Wohnungen von G. de Liagre in
„Leipzig u. A. geſchehen, der Nachweis praktiſch erbracht wird, daß einerſeits
„geſunde und zweckmäßig erſtellte kleinere Wohnungen dem Eigenthümer ein
„billigeres Wohnen ermöglichen, als die beſtehenden überfüllten Miethskaſernen
„den Miethern, und daß andererſeits auch die Bauſpekulation bei Verwendung
„von preiswürdigen Baugrundſtücken eine angemeſſene Verzinſung des in
„kleineren, aber zweckmäßig und geſund erſtellten Wohnungen angelegten Kapitals
„zu erzielen vermag.“

Unter Berückſichtigung der von den beiden Kammern beſchloſſenen
Aenderungen wurden darauf durch ein am 17. Juni 1896 verkündetes Landes-
geſetz dem § 116 des badiſchen Polizeiſtrafgeſetzbuchs folgende zwei Abſätze
beigefügt:

> „Gleiche Strafe trifft Hauseigenthümer oder die an ihrer Stelle verantwort-
> lichen Perſonen (Stellvertreter, Miether), welche den ihnen bei zeitweiligen Unter-
> ſuchungen der Wohngebäude oder bei ſonſtigen Anläſſen beſonders eröffneten polizei-
> lichen Anordnungen zur Abſtellung von bauordnungswidrigen, geſundheitsſchädlichen
> oder die Sittlichkeit gefährdenden Zuſtänden in den zum Wohnen dienenden, insbe-
> ſondere zum Vermiethen benützten oder Arbeitern (Geſellen, Gehilfen, Lehrlingen,
> Dienſtboten ꝛc.) zum Aufenthalt oder Schlafen zugewieſenen Räumen innerhalb der
> geſetzten Friſt nicht entſprechen oder einer polizeilichen Anordnung zuwider Räume, in
> welchen ſolche Zuſtände beſtehen, zu den bezeichneten Zwecken benützen.
>
> Die Anordnung der zuſtändigen Polizeibehörde über die zeitweilige Unterſuchung
> der Wohnräume iſt vor Beginn der Unterſuchung in geeigneter Weiſe bekannt zu
> geben unter Bezeichnung der Tageszeit, zu welcher die Unterſuchung vorgenommen
> werden ſoll.“

Im Uebrigen iſt auch in Baden eine Einwirkung der öffentlichen Ge-
walten auf die Vermiethung von Räumen zu Wohnzwecken ausgeſchloſſen.
Dagegen iſt das Schlafſtellenweſen in einzelnen Gemeinden durch Polizeivorſchrift geregelt; die für Mannheim giltige vom 28. November 1874 verpflichtet den Vermiether von Schlafſtellen zur Aufrechterhaltung von Reinlichkeit, Sitte und Ordnung in ſeinem Hauſe, zur unverzüglichen polizeilichen
Anmeldung neu eintretender Schlafgänger, zur Führung eines Verzeichniſſes
über die Schlafgänger und Vorlage desſelben an die Geſundheits- und
Sicherheitsbeamten auf jederzeitiges Verlangen, ſie verbietet das Vermiethen
von Schlafſtellen an Perſonen beiderlei Geſchlechts in einem Hauſe und die
Benützung eines Bettes von mehr als einer Perſon. Den Schläfern muß
geſtattet ſein, ſich auch nach der Arbeitsſtunde im Schlaflokal aufzuhalten.

Auch die das Bauen überhaupt und innerhalb der einzelnen Wohnplätze
regelnden, im Wege der Geſetzgebung, Verordnung und Polizeivorſchrift er-
laſſenen Beſtimmungen ſtehen mit der Wohnungsfrage in wenigſtens mittel-
barer Beziehung. Für Mannheim kommen in Betracht:

1. Die Verordnung Gr. Bad. Miniſteriums des Innern
vom 5. Mai 1869, bezw. 21. März 1888 betr. „die Hand-
habung der Baupolizei“, durch welche in's Einzelne gehende Vor-

schriften über die Ausführung der Bauten, die Zuständigkeit der
Behörden und das Verfahren in Bausachen gegeben, die Rücksichts=
nahme auf die klimatischen, Terrain=, Erwerbs= und Verkehrsver=
hältnisse der einzelnen Gemeinde sowie auf die Anforderungen hin=
sichtlich der Sicherheit und Bequemlichkeit des lokalen Verkehrs und
Zusammenlebens dagegen den Festsetzungen in der örtlichen Bau=
ordnung überlassen ist.

2. Die städtische Bauordnung vom Juli 1892 in der Fassung
vom 1. September 1894. Durch dieselbe sind die für das ganze
Land geltenden Bauvorschriften wesentlich verschärft und im hygienischen
Interesse für die Ausnützung der Grundstücke in Bezug auf die
Gebäudehöhe, auf das Verhältniß der überbauten zur unüberbauten
Fläche merkliche Beschränkungen eingeführt. Hier bieten die nach=
folgenden Bestimmungen der städtischen Bauordnung besonderes
Interesse:

§ 18. Neu erbaute Wohnräume dürfen nicht bezogen werden, ehe sie genügend
ausgetrocknet sind. (Zwischen Rohbauvollendung und Verputz muß
demnach in der Winterszeit eine dreimonatliche, in der wärmeren
Jahreszeit eine zweimonatliche Frist liegen).

§ 49. Ist für bestimmte Straßen oder Straßentheile die offene Bauweise mit
Zwischenräumen im Ortsbauplan vorgeschrieben, so muß jedes Vorder=
gebäude auf seine ganze Tiefe nach beiden Seiten mindestens 3 M.
von der Nachbargrenze abstehen.

§ 61. Gebäude, welche nicht an der Straßenfluchtlinie errichtet werden, müssen
mit der Straße durch einen mindestens 2,50 m breiten Zugang in
Verbindung erhalten werden.

§ 91. Neben den allgemeinen Bestimmungen über Zugänglichkeit, Feuer=
sicherheit, Licht und Luft der Wohnräume werden für Miethwohnungen
noch folgende Anforderungen gestellt:

1. Für jede Miethwohnung muß ein direkter Zugang nach dem
Aborte vorhanden sei.

2. Jede Miethwohnung muß eine Küche besitzen, ausnahmsweise
kann für kleine Wohnungen eine gemeinschaftliche Küche vor=
gesehen werden.

3. Zur Aufbewahrung der Brennmaterialien und Vorräthe muß
jeder Miethwohnung eine verschließbare Abtheilung des Keller=
oder Speicherraums oder ein besonderer Verschlag im Hofraum
zugewiesen sein.

Für Miethschlafräume und Miethschlafstellen ist eine
Zimmerhöhe von mindestens 3 m und eine Fensterlichtweite
von 1 qm auf 30 cbm erforderlich. Auf eine Person werden
mindestens 4 qm Bodenfläche und 12 cbm Luftraum gerechnet.

§ 96. Jedes Wohngebäude muß unterkellert sein.

§ 98. Wohnungen, deren Fußboden unter der Erdoberfläche liegt (Keller=
wohnungen) dürfen nicht angelegt werden.

§ 100. Die Höhe eines Gebäudes an der Straße darf nicht größer sein, als
der Abstand desselben von der gegenüberliegenden Baufluchtlinie und
zwar regelmäßig nicht über 22 m. Hinter= und Seitengebäude dürfen

nicht höher gebaut werden, als für das zugehörige Vorderhaus zu=
lässig ist.

§ 101. Die Bebauung der Grundstücke hat in der Art zu geschehen, daß allen
Wohn= Schlaf= oder zu sonstigem dauernden Aufenthalt von Menschen
dienenden Räumen Luft= und Lichtzutritt in genügendem Maße ge=
sichert ist. Die Fenster der bezeichneten Räume müssen unmittelbar
entweder nach der Straße oder nach dem gemäß § 162 anzulegenden
Hofe gehen, zum Oeffnen eingerichtet und in solcher Größe angelegt
sein, daß ein qm lichtgebender Gesammtfläche auf 30 cbm Raum=
inhalt kommt.

§ 102. Bei jedem zum Wohnen oder zum nicht blos vorübergehenden Aufenthalt
von Menschen bestimmten Gebäude muß ein Raum — als Hofraum
mit festem Bodenbelag oder als Garten — unüberbaut belassen werden.
Bisher nicht bebaute Grundstücke dürfen bis auf ²⁄₃ ihrer Grundfläche
bebaut werden.

§ 104. Alle zu Wohnungen oder zu Arbeitsräumen bestimmten Stockwerke
müssen eine lichte Höhe von mindestens 3 m erhalten, die gleiche Höhe
im Lichten wird verlangt für einzelne zum Wohnen bestimmte Räume
mit Ausnahme der Mansarden und Dachstockwerke; letztere dürfen jedoch
bei Neubauten nicht unter 2,70 m, bei Umbauten 2,40 m lichte Höhe
für die Hälfte der Grundfläche erhalten.

§ 105. Höher als im fünften Stockwerke dürfen Wohnungen nicht eingerichtet
werden. Dachräume dürfen zu Wohn= und Schlafzwecken nur ver=
wendet werden, wenn sie dem § 104 hinsichtlich der Raumhöhe ent=
sprechen, mit stehenden Fenstern versehen und von den angrenzenden
Theilen des Dachbodens durch ausgemauerte und verputzte Riegel=
wände geschieden sind. Wände, Decken und Gänge dieser Dachräume
müssen verputzt sein.

§ 106. Für jede selbständige Wohnung ist ein entsprechend zugänglicher, um=
wandeter, überdeckter und verschließbarer Abort von nicht unter 0,80 m
Breite im Lichten anzulegen. Nur in Fällen, in denen die Anlage
gesonderter Aborte für jede einzelne Wohnung besonders schwierig ist
und eine Ausnahme sanitär unbedenklich erscheint, z. B. bei kleinen
Wohnungen, kann eine Ausnahme hiervon, jedoch nur insoweit zu=
gelassen werden, daß jedes Stockwerk bezw. je 5 Zimmer einen Abort
erhalten. Soll der Dachstock (Mansardenstock) zu Wohn= oder Schlaf=
zwecken benützt werden, so muß auch dieser einen Abort erhalten.

In dem, der Stadtgemeinde zu Eigenthum gehörigen Gelände
des östlichen Stadterweiterungsgebiets ist das Bauen durch besondere
ortspolizeiliche Vorschrift vom 28. Oktober 1893 sowie durch die
den Versteigerungen der Bauplätze zu Grunde gelegten Bedingungen
noch weitergehenden Beschränkungen unterworfen, um für den ge=
nannten Stadttheil den Charakter eines vornehmen städtischen Wohn=
quartiers zu sichern. Namentlich darf die Ueberbauung der Eck=
grundstücke 70 pCt., der übrigen Plätze 60 pCt. nicht übersteigen.
In manchen Straßen ist jeder Gewerbebetrieb ist ausgeschlossen

3. Das Landesgesetz vom 20. Februar 1868, betr. die Anlage der
Ortsstraßen und die Feststellung der Baufluchten in der Fassung

der Gesetze vom 3. März 1880, 26. Juni 1890 und 6. Juli 1896. Durch dasselbe wurde den Gemeinden die Pflicht zur Herstellung und Unterhaltung der Ortsstraßen und öffentlichen Plätze sowie zur Erschließung neuen Baugeländes durch Aufstellung von Ortsbau= plänen auferlegt, andererseits denselben das Recht der Zwangs= enteignung des Straßengeländes sowie der zwangsweisen Zusammen= legung und Neueintheilung der im Bereich des Bauplanes gelegenen, zur Bebauung ungeeigneten Grundstücke eingeräumt. Außerdem können die Gemeinden bestimmen, daß „bei der Anlegung einer neuen Orts= straße, sowie beim Anbau an eine schon vorhandene, noch unbebaute Ortsstraße der Aufwand für den Erwerb des für die Straße nöthigen Geländes, sowie die Kosten der den Bedürfnissen des Verkehrs ent= sprechenden ersten Einrichtung der Straße und der höchstens fünf= jährigen Unterhaltung derselben ganz oder theilweise von den an= grenzenden Eigenthümern, sobald sie auf ihren Grundstücken Bauten ausführen, getragen oder ersetzt werden." Auch die Eigenthümer älterer Bauten, welchen die Straßen in hervorragendem Maße be= sonderen Nutzen bietet, können zu einem entsprechenden Kostenbeitrag herangezogen werden. Sowohl für neu anzulegende als für schon bestehende Ortsstraßen ist der Beizug der Angrenzer zur theilweisen Tragung oder Erstattung der Kosten einer Neuherstellung der unter= irdischen Abzugskanäle zulässig, auch kann denselben die Pflicht der Herstellung und Unterhaltung der öffentlichen Gehwege, der Rinnen und Seitenkanäle völlig oder zum Theil auferlegt werden. Des= gleichen ist den Gemeinden gestattet, die Kosten der Grenzregelung auf die betheiligten Eigenthümer umzulegen.

Die bezüglichen Gemeindebeschlüsse bedürfen der Staats= genehmigung. Für die Kostenersatzbeträge genießen die Gemeinden gesetzliches Vorzugsrecht auf die betheiligten Grundstücke.

4. Die Stadtgemeinde Mannheim hat in den zur Ausführung dieses Gesetzes am 11. März 1889 beschlossenen„ allgemeinen Grundsätzen für die Rückforderung von Straßenherstellungskosten" bestimmt:

§ 3. „Außer dem (zum Tages= bezw. Selbstkostenpreis berechneten) Werth des in die neuen, bezw. vorhandenen, noch unbebauten Ortsstraßen fallenden Geländes wird der Aufwand für die den Bedürfnissen des Verkehrs entsprechende erste Einrichtung der Straßen, wozu auch die als erste Entwässerungsanlage einer neu hergestellten Straße dienenden oberirdischen Rinnen gehören, von den an= grenzenden Eigenthümern und zwar von einem Jeden nach derjenigen Länge, mit welcher sein Grundstück an die betreffende Straße angrenzt, sobald sie auf ihrem Grund= stücken Bauten aufführen und soweit durch dieselben mit Einschluß der Zugehörden, wie Höfe, Zugänge, Gärten, Gewerbe= und Lager= plätze und dergl. die Grundstücke als bebaut zu betrachten sind, der

Stadtgemeinde ganz ersetzt. Es können jedoch die Grundeigenthümer nur bis zu einer Straßenbreite von je 9 Meter auf jeder der beiden Seiten zum Ersatze des Kostenaufwands beigezogen werden.

§ 4. Die Eigenthümer der an erwähnte Ortsstraßen angrenzenden, schon früher ausgeführten Bauten haben, wenn ihnen die Straße in hervorragendem Maße besonderen Nutzen bietet, einen entsprechenden jeweils durch Gemeindebeschluß festzusetzenden Beitrag zu den erwähnten Kosten zu leisten.

§ 5. Die Kosten für Anlage sämmtlicher vor den Grundstücken hinziehenden unterirdischen Kanäle der Stadt trägt die Stadtgemeinde, insoweit derartige Anlagen durch die Stadtgemeinde im öffentlichen Nutzen ausgeführt werden."

Nach Maßgabe dieser Grundsätze wird denn auch in jedem Einzelfalle verfahren, indem der Bürgerausschuß, in der Regel gleichzeitig mit der Zustimmung zur Straßenherstellung und der Bewilligung des hiefür erforderlichen Credits, die Ersatzpflicht der Angrenzer beschließt.

Eine gesetzliche Regelung der Wohnungspolizei, ähnlich der oben geschilderten in Baden, ist bisher nur in wenigen deutschen Staaten, versucht worden, und zwar im Großherzogthum Hessen durch besonderes Gesetz vom 1. Juli 1893, „die polizeiliche Beaufsichtigung der Miethwohnungen und Schlafstellen betr.", welches ebenfalls die Untersuchung von Miethwohnungen und entgeltlich benutzter Schlafstellen zuläßt und nach welchem die Vermiethung wegen Gesundheitsschädlichkeit, bei Schlafstellen auch dann untersagt werden kann, wenn die Person des Vermiethers oder seiner Angehörigen Gefahren für die Sittlichkeit besorgen läßt. Es kann ein Mindestmaß von Luftraum für jede Person vorgeschrieben werden. Für die Städte werden zum Vollzug des Gesetzes besondere Wohnungsinspektoren bestellt.

Die vom Königlich Sächsischen Ministerium des Innern erlassene Verordnung vom 30. September 1896 normirt in eingehendem Maße die Grundsätze, nach welchen bei der Erlassung der örtlichen Bauordnungen und bei dem Vollzuge der Polizeiaufsicht über das Bauen, das Miethwohnungs= und Schlafstellenwesen verfahren werden soll. Miethskasernen sollen überhaupt, soweit es irgend thunlich, verhindert werden; deshalb empfehle es sich, als Maß für Frontlänge und Tiefe etwa 13—15 m festzusetzen. Eine Familienwohnung solle in der Regel mindestens aus einem gut heizbaren Wohn=, einem Schlafraum und womöglich einer Küche sowie aus dem nöthigen Gelaß zur Aufbewahrung von Geräthschaften, Brennmaterialien ꝛc. bestehen. Wohn= und Schlafräume zusammen müssen wenigstens 30 qm Grundfläche haben. Als überfüllt soll eine Wohnung angesehen werden, wenn sie nicht für jede erwachsene Person wenigstens 20 und für jedes Kind wenigstens 10 cbm Luftraum bietet. Es wird daher in solchen Fällen nach Befinden eine Leerstellung der betreffenden Räume zu verlangen sein.

Als ein wichtiges Ziel betrachtet es die Verordnung, wie in der Einleitung hervorgehoben ist, zu verhüten, daß die gedrängte innenstädtische Bauweise mit ihren gesundheitlichen und sittlichen Gefahren auch auf die erst im Entstehen begriffenen Außentheile verpflanzt werde und hierdurch dazu beizutragen, daß es auch dem weniger Bemittelten wieder möglich werde, ein eigenes bescheidenes Familienhaus zu erwerben.

Bei Ausübung der Wohnungspolizei in bereits bebauten Ortstheilen sei mit thunlichster Schonung berechtigter Interessen vorzugehen, ohne aber außer Acht zu lassen, daß das öffentliche Wohl höher stehe, als das private Interesse und daß die Beseitigung vorgefundener Mängel nur durchführbar sei, wenn dem Einzelnen gewisse Opfer zum Besten der Allgemeinheit auferlegt werden.

Die anderen Bundesstaaten begnügten sich mit der Erlassung von Vorschriften rein baupolizeilicher Natur, welche zwar die behördliche Aufsicht bei der Herstellung neuer Wohnungen sichern, zu einem Einschreiten gegen die Benutzung ungesunder Wohnungen, gegen Ueberfüllungen und gegen die Sittlichkeit bedrohenden Wohnungszustände keine Handhabe bieten.

Im Gegensatz hierzu hat die Gesetzgebung mehrerer außerdeutschen Staaten sich schon frühe und in eingehender Weise mit der Wohnungsfrage befaßt.

Vor allen tritt hierin — in merkwürdigem Widerspruch zu dem gerade von diesem Lande so oft gerühmten „freien Spiel der wirthschaftlichen Kräfte" — England hervor. Nicht weniger als 13 Gesetze, deren erstes in das Jahr 1851, und deren letztes in das Jahr 1890 fällt, behandeln diesen Gegenstand. Das letzterwähnte — „Housing of the working classes Act 1890" — behandelt in seinem ersten Theil die Sanirung ungesunder Quartiere in Städten. Zwölf oder mehr Steuerzahler haben das Recht, die Untersuchung eines Quartiers auf dessen sanitäre Zustände zu verlangen. Ist durch amtlichen Bericht seitens des Stadt- oder Distriktsarztes erhärtet, daß ganze Häusergruppen wegen schadhaftem baulichem Zustande, wegen zu kleiner Räume, wegen ungeeigneter Quartieranlage, oder wegen irgend anderer Unzukömmlichkeiten für die Bewohner selbst oder für die nähere oder entferntere Nachbarschaft gesundheitsgefährlich sind, so haben die Ortsbehörden zur Sanirung dieses Quartieres ein vollständiges Projekt mit Plänen, Baubeschreibung und Kostenberechnung der Oberbehörde (Local Gouvernement Board) und durch diese dem Parlament zur Genehmigung vorzulegen. Die Baugründe werden zum Verkehrswerthe zwangsweise erworben. Für Gebäude, welche wegen Baufälligkeit oder sonstiger gesundheitsgefährlicher Zustände abgebrochen werden müssen, wird keine Entschädigung bezahlt. Beim Erwerb durch die Ortsbehörde müssen sämmtliche auf den Liegenschaften haftenden Dienstbarkeiten abgelöst werden. Zur Bestreitung der Ausgaben sind — theils aus Anleihen, theils aus Steuern — besondere Fonds mit getrennter Rechnungsführung anzulegen. Die staatliche Anleihenskasse für öffentliche Werke gewährt den Ortsbehörden Anleihen, welche binnen längstens 50 Jahren zu tilgen sind. Der Zinsfuß (gegenwärtig $3^{1}/_{2}$ pCt.) wird periodisch durch das Parlament festgesetzt. Innerhalb fünf Jahren nach Genehmigung durch das Parlament muß zur Ausführung eines Sanirungsprojektes geschritten werden. Den Orts=behörden ist aber gestattet, den erworbenen Baugrund zu demselben Zwecke an Dritte zu verkaufen oder zu verpachten. Bauen die Ortsbehörden selbst, so müssen die betreffenden Liegenschaften innerhalb zehn Jahren veräußert werden, es sei denn, daß die Oberbehörden anders verfügen. Unterlassen die Orts=behörden innerhalb der fünf Jahre die Inangriffnahme der Bauausführung, so nehmen die Oberbehörden die Angelegenheit in die Hand.

Der zweite Theil des Gesetzes hat die Sanirung von Einzelhäusern zum Gegenstand. Baufällige oder andere gesundheitswidrige Häuser sind auszu=bessern, umzubauen oder niederzureißen. Der Eigenthümer eines derartigen Hauses kann bei der Ortsbehörde ein Anleihen auf 30 Jahre zu 6 pCt. er=heben; dasselbe ist hypothekarisch zu sichern. Häuser, welche zwar an sich selbst nicht gesundheitsgefährlich sind, welche aber entweder andern Häusern Luft und Licht entziehen, oder der Sanirung eines Quartiers im Wege stehen, sind niederzureißen. Für die hieraus erwachsenden – auf gütlichem Wege oder durch Expropriation festzustellenden — Kosten haben die einzelnen Theile des sanirten Quartieres auf Grund eines Vertheilers aufzukommen.

Der dritte Theil des Gesetzes behandelt speziell die Arbeiterwohnungen. Wird innerhalb eines Distrikts oder einer Stadt der Nachfrage nach Arbeiter=wohnungen weder durch Gesellschaften noch durch Private Genüge geleistet, so haben die Ortsbehörden einzutreten. Diese erwerben die nöthigen Liegenschaften bezw. Baugründe, und erstellen die erforderlichen Wohnungen. Die Verwaltung ist Sache der Ortsbehörden. Letztere erlassen die nöthigen Verordnungen und setzen von Zeit zu Zeit die Miethzinsen fest. Andauernder Almosengenuß schließt von der Benutzung solcher Wohnungen aus. Bei der staatlichen Kasse für öffentliche Werke können Anleihen zu $3^1/_3$ pCt. er=hoben werden. Dieses Recht steht auch Baugesellschaften zu, ebenso Handels=, Industrie=, Eisenbahn= und Dockgesellschaften, sowie Privaten zur Erleichterung der Erstellung von Wohnungen für ihre Arbeiter. Aktiengesellschaften für Gas= und Wasserversorgung haben das Recht, für Arbeiterwohnungen billigere oder gar keine Taxen in Anschlag zu bringen.

Nach einem der früheren Gesetze sind den kleineren Miethwohnungen Steuervergünstigungen eingeräumt, infolgedessen zur Zeit rund $4^1/_2$ Millionen Wohnungen, d. h. 80 pCt. aller Miethwohnungen überhaupt, völlige Steuer=freiheit genießen.

Das Gesetz von 1885 gewährt Fideikommißbesitzern die Befugniß, zum Fideikommiß gehöriges Land zum Zwecke der Erbauung von Arbeiterwohnungen zu verkaufen und auch das Fideikommißstammkapital zur Errichtung solcher Wohnungen zu verwenden.

Auch in Frankreich erfuhr die Wohnungsfrage seit 1850 mehrfach gesetz=geberische Behandlung. Nach dem Gesetze vom 22. April 1850 — welches auch für Elsaß=Lothringen gilt — kann der Gemeinderath nöthigenfalls eine besondere Kommission zur Erörterung über die Mittel und Wege einsetzen, um eine gesundheitsmäßige Beschaffenheit der Miethwohnungen herbeizuführen. Ist eine Verbesserung untersuchter Wohnungen nicht möglich, so kann er die Vermiethung für bestimmte Zeit untersagen, ein dauerndes Verbot der Vermiethung kann von höherer Stelle erlassen werden. Ist wegen Durch= führung des Gesetzes Auflösung von Miethverträgen nöthig, so hat der Miether keinen Anspruch auf Schadenersatz.

Wenn die Ungesundheit die Folge von dauernden, vom Willen des Eigenthümers unabhängigen Ursachen ist, welche nur durch einheitliche Ver= anstaltnugen beseitigt werden können, so kann die Gemeinde die nöthigen Grundstücke im Expropriationswege erwerben.

Ein Gesetz vom 30. November 1894 schafft für den Bau billiger Wohnungen eine Reihe von Erleichterungen und Vergünstigungen.

Den von den Baugesellschaften erstellten Häusern wird auf fünf Jahre Steuerfreiheit gewährt, falls der Nutzungswerth der Häuser, und wo mehrere Wohnungen in einem Hause sind, der Miethwerth der einzelnen Wohnung folgenden Betrag nicht übersteigt:

in Gemeinden			bis	1000	E.	109 Fr.
„ „	von	1001	„	5000	„	165 „
„ „	„	5001	„	30000	„	187 „
„ „	„	30001	„	200000	„	242 „
„ Städten mit über				200000	„	330 „
„ Paris	-					412 „

Ferner sind die Gesellschaften von allen zur Erhebung gelangenden Gebühren mit Einschluß der Stempel= und Ausfertigungsgebühren für Ur= kunden vollständig befreit; befreit sind sie auch von der Einkommensteuer, und dieselbe Vergünstigung genießen die einzelnen Theilhaber, deren eingelegtes Kapital 2000 Franken nicht übersteigt. Eine weitere Erleichterung wird für den Verkauf derartiger Häuser dadurch gewährt, daß die Handänderungsab= gabe in mehreren (bis zu fünf) gleichen Jahresraten entrichtet werden kann.

Sämmtliche Stiftungen und Sparkassen dürfen den fünften Theil des Stammvermögens bezw. der Reserven zur Errichtung billiger Wohnungen ver= wenden, gegen hypothekarische Sicherstellung durch derartige Häuser. Endlich dürfen alle Versicherungsgesellschaften mit den Erbauern oder Erwerbern solcher billiger Häuser, falls die Versicherungsnehmer durch Annuitäten den Preis ihrer Häuser abtragen wollen, Lebensversicherungen derartig abschließen daß die Gesellschaft bei eintretendem Todesfall des Versicherungsnehmers die Zahlung der noch nicht entrichteten Amortisationsraten übernimmt.

Eine Centralbehörde für den Bau billiger Wohnungen hat alle be= züglichen Verordnungen zu erlassen, überhaupt mit allen einschlägigen Fragen sich zu befassen. Den schon bestehenden und den noch ins Leben zu rufenden Gesellschaften liegt ob, alljährlich einen Bericht über ihre Thätigkeit an die Centralbehörde zu erstatten, wogegen letztere jeweils eine Zusammenstellung

dieser Berichte nebst ihren eigenen Beobachtungen in einer Denkschrift zu ver=
öffentlichen hat.

Die Gesetzgebung Belgiens gewährt seit dem Jahre 1862 für kleinere
Miethwohnungen zum Theil erhebliche Steuererleichterungen. Das Gesetz
vom 20. Juni 1867 erklärte die Errichtung von Baugesellschaften unter der
Form von Aktiengesellschaften allgemein als zulässig, und setzte für dieselben
eine Ermäßigung des Emissionsstempels auf Aktien und Obligationen, sowie
die Befreiung von Provinzial= und Kommunalsteuern für acht Jahre fest.
Nach dem Gesetze vom 9. August 1889 sollen in jedem Arrondissement ein
oder mehrere Patronage=Komites errichtet werden mit dem Zwecke, Erbauung,
Vermiethung und Verkauf gesunder Arbeiterwohnungen durch Ertheilung von
Rathschlägen, Gutachten und Empfehlung von Projekten zu fördern. Auch
können dieselben aus den ihnen zugehenden Geschenken und Vermächtnissen,
sowie den von öffentlichen Kassen gewährten Unterstützungen an die Mit=
ewohner Preise für Ordnung, Reinlichkeit und Sparsamkeit zur Vertheilung
bringen. Die allgemeine Spar= und Altersrentenkasse ist nach Anhörung
des Patronagekomitees ermächtigt, einen Theil ihrer verfügbaren Mittel zu
Darlehen für Erbauung oder Ankauf von Arbeiterhäusern zu verwenden.
Wohnungen im Miethswerthe von unter 102 Fr. (in Gemeinden unter
30 000 Einwohnern) bis unter 132 Fr. (in Gemeinden über 60 000 Ein=
wohnern) sind steuerfrei.

Auch in Dänemark bestand für Miethwohnungen unter 25 qm Boden=
fläche in der Hauptstadt Kopenhagen schon seit längerer Zeit Steuerfreiheit,
welche, nachdem sie von 1857—66 aufgehoben war, im Jahre 1873 auf
Wohnungen bis zu 31,5 qm ausgedehnt wurde.

Oesterreich gewährte durch Gesetz vom 25. März 1880 für alle
Neu=, An= und Umbauten zur Gewinnung von Kleinwohnungen zwölf Steuer=
freijahre. Nach dem Gesetz vom 9. Februar 1892 sind Wohnungen, welche
innerhalb zehn Jahren von da ab durch Gemeinden, gemeinnützige Bau=
gesellschaften, Arbeitergenossenschaften und Arbeitgeber ausschließlich zur Ver=
miethung an Arbeiter erstellt werden, von der Miethwerthsteuer und den
übrigen Gebäudeabgaben auf 24 Jahre befreit, insofern der Provinziallandtag
seinerseits auf die Provinzialsteuer verzichtet. Weitere wesentliche Bestim=
mungen des Gesetzes sind: Einzimmerwohnungen müssen mindestens 15 qm
und nicht über 30 qm Bodenfläche haben, mehrzimmerige mindestens 40 qm
und nicht über 75 qm. Das Maximum des jährlichen Miethzinses soll pro
qm Bodenfläche betragen in Wien fl. 1.75, in Städten mit über 10 000
Einwohnern fl. 1.15, im übrigen fl. 0.80. Wird dieses Maximum über=
schritten, so tritt zunächst eine im zehnfachen des Steuerbetrags stehende
Strafe, im zweiten Rückfall Verlust der Steuerfreiheit ein.

Fünfter Abschnitt.

Stellungnahme von Corporationen, Interessenvertretungen und von Organen der Armen- und Wohlthätigkeitspflege 2c. zur lokalen Wohnungsfrage.

Aus Veranlassung der wiederholt erwähnten Zuschrift der Gemeinnützigen Baugesellschaft vom 29. Juni 1892 hatte der Stadtrath noch weitere
Erhebungen darüber angestellt, ob und in welchem Umfange trotz des Weg-
zuges vieler Arbeiterfamilien und des erheblichen Rückgangs des Zuzuges infolge der wirthschaftlichen Krisis ein Bedürfniß für Erstellung solcher Arbeiterwohnungen vorhanden sei, eventuell auf welchem Wege diesem Mangel
ohne eine namhafte, mit der gegenwärtigen Finanzlage unverträgliche Be-
lastung der Stadtgemeinde abgeholfen werden könnte.

Diese Erhebungen hatten folgendes Ergebniß:

1. Die Handelskammer für den Kreis Mannheim führte aus,
daß es vielfach an kleinen und billigen Wohnungen mit 1—2 Zimmern nebst Keller- und Speicherantheilen fehle. Die Stadt als solche
sei nicht berufen, eigene Unternehmungen derart in's Leben zu setzen.
Dagegen empfehle sich die weitmöglichste Unterstützung der die Herstellung guter und billiger Wohnungen erstrebenden Privatthätigkeit
durch die Stadtgemeinde. Das gelte speziell von dem neuerlichen
Vorgehen der Gemeinnützigen Baugesellschaft.

   Was die durch derartige Bauten allenfalls zu be-
sorgende Beeinträchtigung des hiesigen Baugewerbes
betreffe, so könne dieselbe kaum ernstlich bei derartigen gemeinnützigen Zwecken in die Waagschale
fallen, ganz davon abgesehen, daß bei der fortgesetzt
wachsenden Bevölkerung derartige Ausfälle sich rasch
wieder ausgleichen würden.

2. Der Mannheimer Fabrikanten-Verein konnte damals einen
Mangel an Arbeiterwohnungen in quantitativer Hinsicht am hiesigen
Platze, da wir eher in einer absteigenden, als in einer aufwärts
sich bewegenden Zeit uns befänden, nicht anerkennen. „Dagegen",
so ist weiter bemerkt, „lassen zweifellos viele Wohnungen in qualitativer,
Hinsicht, d. h. in Bezug auf das nöthige Maß von Luft und Licht
manches zu wünschen übrig. In letzterer Beziehung dürfte wohl
anders nicht, als durch entsprechende Bau- und Wohnungspolizei-
bestimmungen und deren geeignete Kontrole Abhülfe erhofft werden."

„Wenn der Verein nach dem Gesagten auch noch auf die weitere
Frage eingehe, auf welchem Wege dem Bedürfnisse zur Neuerrichtung
von Arbeiterwohnungen am geeignetsten genügt werden könne, so leite
ihn dabei die Erwägung, daß die jetzige quantitative Zureichendheit
an Arbeiterwohnungen eben auch nur den augenblicklichen Verhält=
nissen entspreche; sobald die wirthschaftlichen Verhältnisse sich wieder
bessern, werde wohl ein Mangel an Arbeiterwohnungen auch wieder=
kehren.“

Es ist der Verein der Meinung, daß es Aufgabe der Stadt=
verwaltung sei, allen denjenigen, seien es Einzelne oder Vereine,
Arbeiter oder Arbeitgeber oder sonstige Vereinigungen, wie insbe=
sondere die Gemeinnützige Baugesellschaft, welche mit Hilfe ent=
sprechender Mittel Arbeiterwohnungen zu bauen beabsichtigen, soweit
thunlich entgegenzukommen. Dies umsomehr, da es bei der eigen=
artigen Lage Mannheims an billigem Baugelände durchaus fehle,
weil selbst unentgeltlich überlassene Bauplätze nach Erfüllung der bau=
polizeilichen Anforderungen in Bezug auf Alignement, Auffüllung,
Kanalisation, sich leicht pro qm auf 10—12 Mk. stellen.

Der Verein bemerkt, es sei, wie er vernommen, von einzelnen
Unternehmern der Bau von Wohnungen für ihre Arbeiter geplant.

3. Die Armenkommission hat, theilweise in Widerspruch zu den von
ihr erhobenen Aeußerungen der Stadtärzte, sich dahin ausgesprochen,
die Mehrzahl der zu mäßigem Preis erhältlichen Wohnungen sei von
solch' dürftiger Beschaffenheit in jeder Hinsicht, daß deren Ersatz durch
gesunde und billige Wohnräume auch vom Standpunkt der Armen=
pflege mit großer Befriedigung begrüßt werden müsse. Wenn sie
nun auch einen Mangel an kleinen Wohnungen nicht konstatiren könne,
befürworte sie doch aus dem Eingangs genannten Grunde die Unter=
stützung der Gemeinnützigen Baugesellschaft in der erbetenen Form,
sie empfehle aber, gegenüber den — den gleichen Zweck verfolgenden —
Bestrebungen Privater dasselbe Entgegenkommen zu bethätigen, falls
dieselben die Garantien für die wirkliche und bleibende Durchführung
des humanen Gedankens zu bieten in der Lage sind.

Nicht uninteressant ist übrigens, die Gutachten der 4 Stadtärzte
des Näheren zu erörtern.

Der Stadtarzt für den Bezirk Schwetzinger=Vor=
stadt schreibt, in seinem Bezirk fehle es für Leute, welche ihre
Miethe zahlen wollen oder können, nicht an kleinen Wohnungen.
Solche zum Preis von 12—20 Mk. monatlich für 2—3 Zimmer
seien jedenfalls genügend vorhanden; jedoch werde der für eine
Familie berechnete Raum bei der Gepflogenheit derselben, After=
miether aufzunehmen, allerdings beschränkt. Aber auch Wohnungen
von 8—12 Mk. für 2 Zimmer (für kinderreiche Familien) seien

zahlreich genug, besonders in der Spinnerei, woselbst sogar Parterre
räume zu 4—5 Mk. — freilich meist mit reflektirtem Licht und nicht
unterkellert, aber durch das Einheizen wenigstens trocken, erhältlich
seien. Aber auch bei solch' geringen Miethpreisen gebe es ebensoviele
Rückstände, wie bei höheren. Daher rühren auch die häufigen
Exmissionen und Wohnungswechsel, welch' letztere an und für sich
schon beweisen, daß ein Wohnungsmangel nicht bestehe. Berichterstatter
gibt zwar zu, daß jetzt oft bewohnte Räume ungeeignet seien, hält
aber eine Rentabilität von 3½ %, bei Vermiethung neu hergestellter
lichter, trockener, unterkellerter Wohnungen für nicht erreichbar, weil
es niemals möglich sein werde, alle Miether zum Zahlen zu bringen,
selbst dann nicht, wenn die ganze oder theilweise Miethe für die
in wirklicher Noth befindlichen Leute von der Armenkasse bestritten
würde.

Auch der Stadtarzt für den östlichen Theil der
Innenstadt hat von einer Wohnungsnoth noch nichts bemerkt. Er
hat gefunden, daß die ärmsten Leute, welche für ihre Wohnung
10—8 Mk. monatlich bezahlen, ohne Schwierigkeiten solche zu diesem
Preise erhalten können. Für 18—20 Mk. seien bessere Wohnungen
mit Glasabschluß und eigenem Abort erhältlich, da viele Besitzer
größerer Wohnungen solche in zwei oder drei kleinere zerlegt hätten,
um sie loszubringen. Er sah unlängst in der Schwetzingerstraße
19 Wohnungen bezw. Schlafstellen auf einmal ausgeboten; er empfiehlt
deshalb eine Zählung der leerstehenden Wohnungen zwecks Gewinnung
einer sicheren Grundlage für weitere Schritte.

Wenn wirkliche Wohnungsnoth herrschte, meint der Genannte,
würden die Preise steigen und die Spekulation sofort sich der Sache
bemächtigen. Der Umstand, daß die Gemeinnützige Baugesellschaft
billige Baugründe und Zinsgarantie von der Stadt verlange, spreche
gegen die Existenz einer Wohnungsnoth, denn die Gesellschaft erwarte
offenbar kein glänzendes Ergebniß ihres Unternehmens. Er erblickt
in einer derartigen Unterstützung der Gesellschaft eine Schädigung
der vielfach nothleidenden Hausbesitzer, die Arbeiterwohnungen
erbaut haben.

Der Stadtarzt für die westliche Innenstadt hat gleichfalls einen Wohnungsmangel z. Zt. noch nicht wahrgenommen; doch
sei nicht zu verkennen, daß gute und gesunde Arbeiterwohnungen
(bestehend aus 1 Zimmer, Küche und Kellerraum) unverhältnißmäßig
theuer seien. Innerhalb der Stadt kosten solche Wohnungen per
Monat 12—20 Mk., in den Vorstädten etwas weniger. Unter diesem
Preise seien die Wohnungen meist schlecht und öfters ungesund. Be=
sonders die Arbeiterwohnungen in den hiesigen Miethskasernen zeichnen
sich nach seinen Erfahrungen durch schlechten Zustand, Unreinlichkeit

und Mangel an Ventilation aus. Er würde es sehr begrüßen, wenn dem Arbeiter Gelegenheit geboten würde, gesunde und gut ventilir= bare Wohnungen in kleineren Häusern zu billigerem Preis, wie bisher erhalten zu können. Dadurch würden auch viele Mißstände, wie die Ueberfüllung der Wohnräume, das Vermiethen von Schlafstellen an ledige Arbeiter 2c. mehr und mehr abnehmen. Er befürwortet das Projekt der Baugesellschaft.

Der Stadtarzt für die Neckarvorstadt endlich verlangt für eine Arbeiterfamilie von mindestens 5 Köpfen eine Wohnung von einem großen oder zwei kleineren Zimmern jeweils mit Küche; die= selbe dürfe nach den durchschnittlichen Erwerbsverhältnissen nicht über 10 Mk. kosten. Diesen Anforderungen entsprächen nur sehr wenige der jetzigen Arbeiterwohnungen in seinem Bezirk. Fast alle seien zu theuer, zu klein, sehr viele mangelhaft in hygienischer Beziehung. Während nun die kleinsten Wohnungen von Arbeitern sehr gesucht seien, weil sich der Arbeiter für billiges Geld lieber in die engsten hineinpferche, stünden sehr viele Wohnungen zum Preise von 11—15 M. leer. Es bestehe somit kein Mangel an Wohnungen, nur seien sie zu theuer.

4. Das Gr. Bezirksamt verwies auf die Ergebnisse der Wohnungs= enquete und die von ihm erhobenen Aeußerungen der Ortsbaukon= troleure, sowie des Wohnungskontroleurs, inhaltlich deren der Zahl nach Mangel an Arbeiterwohnungen hierselbst nicht vorhanden ist.

Eine nochmalige Rückfrage bei den erstgenannten beiden Beamten ergab, daß solche wohl eine Unzulänglichkeit an billigen, d. h. Wohnungen, deren Preis mit den Erwerbsverhältnissen der Miether im Einklang steht, anerkennen, dieses Mißverhältniß aber auf die gerade in Mannheim unverhältnißmäßig hohen Grunderwerbs= und Baukosten zurückführen, dem bei dem wenig günstigen Baugrund wohl kaum jemals abgeholfen werden könne.

5 4. Ein Geistlicher der Schwetzinger=Vorstadt, die auch nach Ansicht Anderer in Bezug auf Wohnungsverhältnisse als der wenigst günstige Stadttheil anzusehen ist, ließ sich in der vorwürfigen Ange= legenheit folgendermaßen vernehmen:

Ueber das Vorhandensein einer Wohnungsnoth für die Arbeiter= klasse in Mannheim bestehe kein Zweifel. Dieser Nothstand zeige sich als ein doppelter: als ein materieller, indem die Miethe einen un= verhältnißmäßig hohen Theil des Einkommens verschlinge; als ein sittlicher, indem die Höhe des Miethpreises zu einer übermäßigen Raumbeschränkung oder zur Aufnahme von Kost= und Schlafgängern zwinge und durch beides ein gesundes Familienleben von vorn= herein unmöglich mache — von der direkten Schädigung ganz zu ge= schweigen.

Der Genannte schildert die Verhältnisse namentlich in der größten Miethskaserne seines Bezirks fast übereinstimmend mit dem oben citirten Bericht des Fabrikinspektors; er weist insbesondere auf die großen sittlichen Gefahren solcher Wohnungszustände hin, behauptet im Uebrigen aber im Einklange mit dem Fabrikinspektor, daß der wahre Grund der heutigen theuren Miethzinsen in dem „Wohnungs= wucher", d. h. der gewinnreichen Spekulation mit den zu Arbeiter= wohnhäusern eingerichteten Miethshäusern liege.

Als einzig wirksames und zugleich empfehlenswerthes Gegen= mittel betrachtet er das Inslebenrufen und bezw. die kräftige För= derung gemeinnütziger Konkurrenzunternehmungen.

Dieselben vermögen nicht nur selbst bessere Wohnungen und billigere Preise zu bieten, sie drücken auch die Preise der übrigen Wohnungen auf eine normale Höhe herunter und verbessern die An= sprüche der Miether.

Nach Ansicht desselben Geistlichen ist die Gemeinnützige Bau= gesellschaft zur Erreichung der so gesteckten Ziele auf einer viel zu kleinen Basis angelegt. Dieselbe habe übrigens die Aufgabe, von sich aus billigere und bessere Wohnungen zu bieten, nur unvollkommen erfüllt, indem sie gleich von Anfang an die kleineren Häuser mit zwei Wohnungen in eine Hand vermiethet, damit aber die Gewähr für zweckentsprechende Vermiethung wenigstens der einen der beiden Wohnungen aus der Hand gelassen habe. Zur Zeit sei sogar der ganze Gebäudekomplex einem einzigen Unternehmer übertragen.

Der Vorstand der Großh. Fabrikinspektion, welcher von den erhobenen Gutachten Kenntniß nahm, betonte unter Wiederholung seiner schon oben wiedergegebenen Ausführungen, daß er, auch wenn an Wohnungen von 1 oder 2 Wohnräumen ohne Küche, Keller rc. kein Mangel mehr bestehe, in der Beschaffenheit und dem Zuschnitt dieser sogenannten „Wohnungen" die charakteristischen Symptome der Wohnungsnoth erblicke.

Ein wenig günstigeres Bild über die Wohnungsverhältnisse zeigt auch eine, vom 5. Februar 1895 datirte Aeußerung der beiden Armenkontroleure, welche folgendermaßen lautet:

Trotz der in den letzten Jahren durchgeführten sanitätspolizeilichen Unter= suchungen der Miethwohnungen, wobei viele ungesunde Wohnungen abgesprochen wurden, befinden sich eine große Zahl von Wohnungen in einem Zustande, der vom Standpunkte der Armenpflege, sowie aus Rücksichten der Gesundheit und Moral einer dringenden Abhilfe bedarf.

In vielen Miethshäusern ist eine ordentliche Lüftung der Wohnungen durch die auf halbdunkle, kleine Höfe und vorspringende Galerien herausmündenden Fenster nicht möglich.

Als ein großer Mißstand ist die überaus weitgehende Ausnützung eines jeden, auch des ungenügendsten Raumes der zahlreichen Miethskasernen zu Wohnzwecken zu bezeichnen, wodurch die Bewohner so dicht gedrängt zusammenwohnen, daß ein etwaiger Ausbruch von epidemischen Krankheiten oder von Feuersbrünsten von den entsetzlichsten Folgen begleitet sein könnte.

Eine Küche ist in den wenigsten Fällen vorhanden. Auch in anderer Beziehung ist das Zusammenpferchen von den größten Nachtheilen für die öffentliche Wohlfahrt. Die überwiegende Mehrzahl der der Zwangserziehung anheimgefallenen Kinder entstammen derartigen Miethskasernen.

Für die in den vielen alten Häusern der Innenstadt befindlichen Miethwohnungen werden dabei verhältnißmäßig hohe Miethpreise bezahlt. Wenn daher auch ein zahlenmäßiger Mangel an Arbeiterwohnungen z. Zt. nicht besteht, so ist außer Zweifel, daß ein solcher sich geltend machen würde, wollte man alle die zahlreichen Räume vom Weitervermiethen ausschließen, deren Bewohnen im Interesse der guten Sitte und der Gesundheitspflege verboten werden sollte.

Im April 1895 folgte sodann die bereits im ersten Abschnitt erwähnte Darstellung der Armenkontroleure über Beschaffenheit und Durchschnittspreise der zur Zeit hier vorhandenen Arbeiterwohnungen.

Auf Ersuchen des Stadtraths zog im Sommer 1895 auch der städtische Ortsgesundheitsrath — ein für die Behandlung der vorliegenden Angelegenheit nach Organisation und Zusammensetzung wohl berufenes Kollegium — die Arbeiterwohnungsfrage in den Kreis seiner Berathungen. Eine aus vier Aerzten und einem Architekten bestehende Spezialkommission erstattete das oben Seite 13/16 abgedruckte Gutachten, welches in der Sitzung des Ortsgesundheitsraths vom 2. Oktober 1895 einhellig gebilligt wurde.

Sechster Abschnitt.

Eingreifen der Invaliditäts- und Altersversicherungsanstalten in der Wohnungsfrage.

In den Motiven zum Invaliditäts- und Altersversicherungsgesetz ist eine Anregung gegeben, daß es höchst wünschenswerth sei, mit den angesammelten Geldern der Versicherungs-Anstalten gemeinnützige Unternehmungen zum Wohle des Arbeiterstandes zu fördern. Mit Rücksicht darauf hat das Reichs-Versicherungsamt wiederholt und bringend den Anstaltsvorständen die Zuführung eines Theils der Anstaltsgelder für Unternehmungen zum Bau von Arbeiterwohnungen empfohlen. Wenn zunächst auch noch vom Bau oder von der Erwerbung von Arbeiterwohnungen für Rechnung der Versicherungsanstalten abgesehen werden wolle, sei doch die Gewährung von Darlehen an gemeinnützige Gesellschaften oder an Arbeitergenossenschaften unter leicht erfüllbaren Bedingungen sehr erwünscht.

Diesem Ansinnen entsprechend, haben verschiedene Versicherungsanstalten der Arbeiterwohnungsfrage eine bemerkenswerthe Aufmerksamkeit zugewendet. Auch der Vorstand der Versicherungsanstalt Baden hat, angeregt namentlich auch durch den mehrerwähnten, die hiesigen Zustände behandelnden Bericht des Fabrikinspektors Wörrishoffer, in diesem Sinne Stellung genommen, indem er die Verbesserungsbedürftigkeit der Wohnungsverhältnisse und den Beruf der Anstaltsgelder hierfür unumwunden anerkennt. Die Förderung seitens der Anstalt könne allerdings nur darin bestehen, daß sie unter günstigen Zins- und Rückzahlungsbedingungen Gelder darleihe, nicht etwa im Ankauf von Bauplätzen oder gar im Erbauen von Häusern.

Einem diesbezüglichen Antrag zufolge wurde der Vorstand vom Ausschuß der Versicherungsanstalt in der Sitzung vom 24. September 1892 ermächtigt:

nach eingeholter Genehmigung Gr. Ministeriums des Innern zum Bau von Arbeiterwohnungen durch Gemeinden, bezw. sichere Unternehmungen Gelder zu $3\frac{1}{2}$ pCt. Zins und bis zu 80 pCt. des Platz- und Bauwerthes gegen erstes bedungenes Unterpfand darzuleihen. — Amortisation höchstens 50 Jahre, während dieser Zeit von Seiten der Anstalt unkündbar. Auszahlung des Anlehens nach Fortschreiten des Baues in Theilbeträgen. — Die Kapitalanlagen dürfen 1892 und 1893 zusammen 1 Million Mark nicht übersteigen.

Bis zum Januar 1893 waren beim Anstaltsvorstande trotz geeigneter

5

Publikation nur von Arbeitern unmittelbar Darlehensgesuche zum Bau von Wohnungen eingegangen, während weder Gemeinden noch Baugenossenschaften, Kredit- oder Konsumvereine, Stiftungen, Anstalten oder Körperschaften, noch auch größere Arbeitgeber mit der Sache bis dahin sich befaßt hatten. Der Vorstand suchte dieselbe nunmehr dadurch zu fördern, daß er auch den Anlehensgesuchen der Versicherten ohne anderweite Garantie Folge gab und außerdem den Entwurf eines Musterstatuts für Baugenossenschaften veröffentlichte.

Von diesen Maßnahmen wurde der hiesige Stadtrath durch Vermittelung Gr. Bezirksamts zur eigenen Kenntniß und zur Verständigung etwaiger Reflektanten benachrichtigt. Bis heute ist in unserer Stadt von der gebotenen Gelegenheit noch kein Gebrauch gemacht worden, abgesehen davon, daß die Versicherungsanstalt der „Gemeinnützigen Baugesellschaft" für den Fall des Zustandekommens ihres oben besprochenen Unternehmens ein größeres Darlehen in Aussicht stellte und in den an sich günstigen Darlehensbedingungen im Interesse der von der Stadtgemeinde geforderten Garantieen weitere Erleichterungen eintreten zu lassen versprach.

Dagegen sind im Jahre 1893 von der Anstalt

der Stadt Lahr für 10 Versicherte .	.	59 300 Mk.
der Stadt Offenburg für 6 Versicherte .	. .	18 500 „
13 einzelnen Versicherten in verschiedenen Amtsbezirken		34 490 „
zusammen also		112 290 Mk.

dargeliehen worden. Für die letztgenannten Darlehen ist der Zinsfuß auf 4 pCt. und die jährliche Amortisationsquote auf mindestens 2 pCt. normirt.

Im Jahre 1894 wurden zu gleichem Behufe

an die Stadt Lahr . .	. .	61 200 Mk.
sodann an die Stadt Offenburg.	. . .	48 300 „
ferner an die Gemeinde Fahrnau (im Wiesenthal)	.	15 000 „
und endlich an 18 Versicherte zusammen .	.	58 075 „

dargeliehen.

Während des Jahres 1895 gewährte die Versicherungsanstalt folgende Baudarlehen:

1. An 10 Versicherte auf Unterpfandsverschreibung gegen 4 pCt. Verzinsung und 2 pCt. Amortisation . . 55 355 Mk.
2. An den Bauverein Emmendingen gegen 3½ pCt. Verzinsung und allmählige Tilgung nach Maßgabe der Normativbestimmungen . . . . . 7 125 „
3. Der Stadt Lahr für 5 Versicherte . . 11 600 „

Im Jahre 1896 erhielten Darlehen:

1. 47 Versicherte auf Unterpfandsverschreibung gegen 3¾ pCt. Verzinsung und 2¼ pCt. Amortisation . 218 315 Mk.
2. Die Stadt Lahr . . . . . 24 538 „
3. Der Stadt Offenburg . . . 36 000 „

beide zur Weitergabe an Versicherte gegen $3\frac{1}{2}$ pCt.
Verzinsung.

Im Laufe des Jahres 1895 ermäßigte die Anstalt den Zinsfuß für ihre sämmtlichen Darlehen an Versicherte — soweit Unterpfänder unter 12 000 Mk. in Betracht kommen — auf $3\frac{3}{4}$, unter gleichzeitiger Erhöhung der Amortisationsquote von 2 pCt. auf $2\frac{1}{4}$ pCt. Die Darlehensnehmer haben daher unter Verkürzung der Tilgungsdauer nach wie vor an Verzinsung und Rückzahlung des Kapitals 6 pCt. des bargeliehenen Betrags zu entrichten.

Bis Ende 1896 hat die Versicherungsanstalt zum Bau von Arbeiterwohnungen dargeliehen:

An 87 Versicherte	. 361 215 Mk.
An drei Gemeinden	. 280 838 „
An den Bauverein Emmendingen	. 7 125 „
	Zusammen 649 178 Mk.

Die bürgerlichen Kollegien der Stadt Lahr beschlossen am 24. September 1896 die Aufnahme von 150 000 Mk. bei der Versicherungsanstalt Baden zur Weitergabe an Versicherte, von welchen unter obiger Summe am Jahresschlusse 1896 nur ein geringer Betrag enthalten war. Wie bei den Verhandlungen im Bürgerausschusse damals mitgetheilt wurde, hat die Stadtgemeinde Lahr seit 1893 an 25 Arbeiter Darlehen von 2—9000 Mk. gegeben, wovon neun solche für den Ankauf, 16 für den Neubau von Häusern verwendeten. Die ursprüngliche Darlehenssumme betrug 146 300 Mk. wovon am 15. Juli 1896 bereits 6 846 Mk. zurückbezahlt waren. Der Gesammttaxwerth der Pfandobjekte bezifferte sich auf 218 625 Mk. Die nach den geltenden Grundsätzen erforderliche Bürgschaft bei Darlehen auf Nachpfand wurde in fast allen Fällen von den Arbeitgebern der Entleiher gestellt. Die Zahlung der Annuitäten von 1—3 pCt. erfolgte ohne Ausnahme pünktlich und ohne daß die Schuldner sich deßhalb besonderer Mühen und Entbehrungen zu unterziehen gehabt hätten.

Auch von Seiten anderer deutschen Anstalten für Invaliditäts und Altersversicherung ist die Entstehung von Arbeiterwohnungen durch Hingabe von Darlehen und Baugeldern an einzelne Versicherte, an Baugenossenschaften und Kommunalverbände in mehr oder minder weitem Umfange gefördert worden. So hat die Anstalt Hannover bis Mitte 1896 ca. 2 250 000 Mk., davon nur die Hälfte mündelsicher, Braunschweig seit 1891 jährlich 150 000 Mk. Württemberg fast eine Million, Schleswig=Holstein im Ganzen rund 500 000 Mk., die Anstalten Königreich Sachsen, Sachsen=Anhalt, Westpreußen, Oldenburg und Thüringen kleinere Beträge ausgeliehen.

Einzelne wichtigere Versuche zur Lösung der Arbeiter= wohnungsfrage in Teutschland und im Auslande.

Nachdem im Vorstehenden der Stand der Wohnungsfrage speziell in Mannheim zu beleuchten versucht wurde, fällt es nöthig, die in Bezug auf diese Frage anderwärts gemachten Erfahrungen, sowie die Stellungnahme der öffentlichen Meinung eingehender zu besprechen.

Allerorts, wo das Aufblühen der Industrie einen Zuzug von Arbeiter= familien zur Folge hatte, hat sich das Vorhandensein einer mehr oder minder scharf ausgeprägten Wohnungsnoth bemerkbar gemacht.

Von berufener Seite wurden auch im Verlauf des letzten Jahrzehnts verschiedene örtlich und sachlich mehr oder minder ausgedehnte, zum Theil ins kleinste Detail gehende Erhebungen über die Wohnungsverhältnisse der arbeitenden Klassen angestellt, so insbesondere in den Nachbarstädten Karlsruhe, Heidelberg und Stuttgart, im Königreich Sachsen, in den preußischen Provinzen Schlesien, Schleswig-Holstein, Brandenburg, Sachsen und Pommern und anderen Theilen des Reiches und zwar sind diese Untersuchungen wohnungs= statistischen Inhalts theils von staatlichen Polizei= und Verwaltungsbehörden (Fabrikinspektor) theils von Organen der Gemeinden, theils von politischen und gewerblichen Organisationen ausgegangen. Die verschiedenartigsten Maß= nahmen zur Linderung der Wohnungsnoth sind in Versammlungen sowie in der Presse und mit besonderer Gründlichkeit in den Schriften der zahl= reichen, der Pflege des Gemeinwohls dienstbaren Vereinigungen vorgeschlagen worden und mit theilweise anerkennenswerthem Erfolge auch zur Durchführung gelangt.

Nachstehend ist eine Reihe derselben, welche besondere Beachtung in Anspruch nehmen dürfen, nach den hauptsächlichsten Gestaltungsformen gruppirt und in großen Umrissen geschildert:

A. Fürsorge seitens der Arbeitgeber.

Hier sei zunächst der Thätigkeit der Kommunal= und anderen öffentlichen Verbände in ihrer Eigenschaft als Unternehmer gedacht:

1. Die Stadt Frankfurt a. M. erstellte für die städtischen Beamten der untersten Rangklassen (1000 2300 Mt. Gehalt) Mieth= (nicht Dienst=) Wohnungen, in welchen nun 16% dieser Beamten gegen Miethzinsen von 216—264 M. untergebracht sind. Das Anlagekapital (incl. Grunderwerb und Kanalisation) verzinst sich zu 4,8%, obwohl die

Wohnungen 30—40 M. billiger sind, als sonstwo in der Stadt. Jede Wohnung besteht aus 2 Zimmern, Küche, Closet, Keller- und Boden raum, zu je 4 Wohnungen gehört eine gemeinschaftliche Waschküche. Zur Zeit sind 3 nebeneinander stehende Gebäude mit je 2 Wohnungen im Erdgeschoß und jedem der drei Obergeschosse, zusammen also 24 Wohnungen an der Siemensstraße und 3 ebensolche- Häuser an der Willemerstraße bezogen. Der Bau weiterer Häuser wird fortgesetzt, bis kein Bedürfniß mehr besteht.

Im Juni 1893 unterzog der Verfasser diese Beamtenhäuser einer Besichtigung. Das Aeußere der beiden Häusergruppen macht auf den Beschauer einen ungemein günstigen Eindruck, nicht minder aber auch die für das Innere gewählte sehr zweckmäßige Eintheilung und die — Dank einer straffen Hausordnung — überall herrschende Sauberkeit. Von den Einwohnern wurden namentlich die hohe, luftige Bauart der Zimmer und die bequemen Treppen als besonderer Vorzug gegenüber den sonstigen Frankfurter Miethswohnungen der gleichen Bevölkerungsklassen gerühmt.

2. Die Stadtgemeinde Dresden hat in den Jahren 1889/93 eine Reihe von Häusern in der Stadt und auf dem Lande zum Zweck der Ver- miethung an städtische Beamte, Angestellte und Arbeiter errichtet und erzielt bei Berechnung mäßiger Miethen eine angemessene Ver- zinsung.

3. Die bürgerlichen Kollegien der Stadt Ulm a. D. beschlossen im März 1894 die Errichtung von 16 je vier Wohnungen enthaltenden Doppelhäusern nebst Gärtchen. Das einfache Haus mit je 2 Woh- nungen soll zum Preise von 5000 M. bei einer Anzahlung von 10%, dreiprozentiger Verzinsung und 2½prozentiger Amortisation an städtische Arbeiter und Unterbeamte, welche im Hause selbst wohnen und kein weiteres Anwesen besitzen, käuflich abgetreten werden.

4. Auch in Karlsruhe, woselbst bis jetzt 8 Wohnungen für Arbeiter des Gaswerks erstellt wurden, hat die Absicht des Stadtraths, dem bleibenden Stamme der städtischen Arbeiter allmählig gesunde, behagliche und gesicherte Heimstätten zu beschaffen, die Billigung der Gemeindevertretung gefunden. Vor Kurzem wurde der Bau von 5 weiteren Häusern mit 26 Wohnungen in drei verschiedenen Stadt- theilen beschlossen. Die Bauten sind, um zu erproben, ob die billigeren Wohnungen in großen Häusern oder die mit höherem Miethzins belasteten Einzelwohnungen vorgezogen werden, nach ver- schiedenen Systemen projektirt, der Typus der Miethskaserne jedoch vermieden. Demgemäß umfassen:

1 Haus: 4 Wohnungen im I. und II. Stock von je 2 Zimmer und Küche zu 220 M. Jahresmiethe;

1 Haus: 4 Wohnungen im I. und II. Stock von je 1 Zimmer und Küche zu 150 M. Jahresmiethe;

„ 2 Wohnungen im Dachstock von je 2 Zimmer und Küche zu 155 M. Jahresmiethe;

„ 2 Wohnungen im Dachstock von je 1 Zimmer und Küche zu 85 M. Jahresmiethe;

2 Häuser je 4 Wohnungen, wovon Wohnzimmer und Küche im ersten, Schlafzimmer und Kammer im zweiten Stockwerk liegen. Der Miethzins wird sich im einen Gebäude au ca. 320 M., im zweiten auf rund 285 M. per Wohnung bemessen.

2 Häuser je 3 Wohnungen von je 3 Zimmer und Küche. Mieth= preis pro Wohnung rund 290 M.

Zu jeder Wohnung gehört ein Gärtchen. Die Selbstkosten der Stadt pro Wohnung berechnen sich je nach dem Typus auf 4470 M., 3050 M., 1730 M., 6525, 5800 und 5330 M.

After= und Schlafstellenmiethe soll in den Wohnungen nicht geduldet werden. Die Stadtgemeinde beabsichtigt, um die Entstehung eines großen Arbeiterviertels zu verhüten, künftig zu erbauende Wohnungen in der Stadt nach dem Bedürfnisse der Arbeiter zu vertheilen.

5. Im Vollzug eines umfassenden Aktionsprogramms für die Arbeiter= wohnungsfrage hat im vorigen Jahre auch der Stadtrath von Zürich beschlossen, das Wohnungsbedürfniß der städtischen Lohn= arbeiter und Angestellten durch Erstellung von Familienwohnungen für Verheirathete und von Logirhäusern für Einzelnstehende zu befriedigen 106 Dienstwohnungen im Miethswerthe von 37 750 Francs sind bereits vorhanden, so daß äußerstenfalls noch Räume für etwa 500 Familien und 300 Einzelstehende zu beschaffen wären. Der Aufwand würde nach approximativer Berechnung für die Logirhäuser nebst Mobiliar 550 000 Francs und für die Familien= wohnungen 3 000 000 Francs betragen. Der Stadtrath nimmt aber an, daß ein beträchtlicher, vielleicht überwiegender Theil der fraglichen Personen aus den verschiedensten Ursachen nicht Anspruch auf städtische Wohnungen machen werde. Uebrigens habe die Unternehmung sich selbst zu tragen, so daß die Stadt — abgesehen von kleineren Ver= günstigungen mit Bezug auf Verzinsung des Anlagekapitals, Wasserzins u. dergl. — kein Opfer zu bringen haben werde.

6. Im Bereiche der fiskalischen Steinkohlengruben des Saar= gebiets zeigt sich die Wohnungsfürsorge des preußischen Staates als Arbeitgeber in mannigfacher Gestalt. Schon zur Zeit Friedrichs des Großen bemühte sich die Regierung erfolgreich um die Förderung des Erwerbes von eigenen Häusern durch die Steinkohlenarbeiter,

Im Jahre 1864 begann die Erbauung von Miethshäusern auf Staatskosten, die gegenwärtig in 42 Kolonien von je 5—23 Häusern zerstreut, sich auf das ganze Saarrevier vertheilen.

Charakteristisch ist die Ansiedelung der Arbeiter mit Hülfe von Staatsbauprämien. Seit dem Jahre 1842 erhält jeder, ein eigenes Haus bauende Arbeiter einen Zuschuß aus der Staatskasse. Derselbe betrug anfänglich nur bis zu 120 Mk. wozu dann die Knappschaftskasse noch ein verzinsliches Darlehen bis zu 450 Mk gewährte. Seit 1865 leistet die Staatskasse sowohl die Prämie als einen unverzinslichen Baarvorschuß. Erstere stieg allmählig auf 750—900 Mk., der letztere auf 1500 Mk. im Höchstbetrage. Diese Vorschüsse sind in Monatsraten von 3—15 Mk. = jährlich 12½ pCt. der ursprünglichen Summe rückzuzahlen. 1895 wurden zu Prämienzwecken 63 750 Mk. verausgabt. Unter Einwirkung dieser staatlichen Unterstützungen sind seit 1842—95 5693 Prämienhäuser gebaut worden, und zwar 2063 mit verzinslichem Vorschuß aus der Knappschaftskasse, 3347 mit unverzinslichem Vorschuß aus der Staatskasse und 283 ohne solchen Vorschuß. Von den seit 1871—90 erbauten 2353 Häusern sind 2015 = 85,63 pCt. noch im Besitze der Erbauer, 267 = 11,35 pCt. wurden freihändig verkauft, davon 9,27 pCt. wieder an Bergleute und 71 = 3,02 pCt. gingen im Wege der Zwangsvollstreckung an andere Besitzer über. Die Baukosten für fünf verschiedene Typen betragen 2400—2700 M., 3300 —3700 Mk., 3000—3500 Mk., 4000—4500 Mk., und 4500— 5000 Mk. Entwurf und Ausführung der Bauten, zu welchen die besprochene Staatshülfe gewährt wird, unterstehen der Aufsicht der Kgl. Berginspektionen. Die Bauskizzen nebst einer Sammlung beachtenswerther Rathschläge und Regeln für den Hausbau werden zum Nutzen derjenigen, welche ohne Prämien bauen wollen, von Zeit zu Zeit veröffentlicht.

7. Das Preußische Gesetz vom 13. August 1895 ermächtigt die Regierung zur Aufnahme eines Anlehens von 5 Millionen Mark zwecks Erbauung von Wohnhäusern und Vermiethung der Wohnungen an Arbeiter der Staatsbetriebe, sowie geringbesoldete Staatsbeamte. Der Miethzins soll neben Deckung der Verwaltungskosten eine angemessene Verzinsung und Amortisation gewähren. Die bereit gestellten Mittel dürfen auch zur Bewilligung von Bauprämien und Baudarlehen verwendet werden. Der Hauptantheil dieser Wohnungsfürsorge wird wohl auf das im Betrieb der Kgl. Staatseisenbahnen beschäftigte Personal entfallen, für welches nach amtlichen Mittheilungen, um nur den dringendsten Bedürfnissen zu genügen, in 53 Ortschaften etwa 3300 Wohnungen beschafft werden sollen, darunter

1200 größere (mit 3 Zimmern und Küche) 1700 mittlere (mit 2 Zimmern und Küche) und 400 kleine (1 Zimmer und Küche).

8. Seit längerer Zeit wird von den Reichspostbehörden der Provinzen Klage darüber geführt, daß es den Postunterbeamten an kleineren Plätzen vielfach nicht möglich sei, sich eine geeignete Wohnung zu verschaffen. Der Staatssekretär des Reichspostamtes hat nach eingehender Untersuchung dieses Vorbringen als begründet anerkannt und angeordnet, daß überall, wo sich ein Mangel an Wohnungen für Unterbeamte auf dem Lande fühlbar macht, mit dem Bau reichseigener Wohnhäuser vorgegangen werden soll. Hierbei sei möglichst darauf Bedacht zu nehmen, daß zu ausreichend großen Wohnungen auch je ein Stück Garten zugegeben werden kann. In keinem Falle soll der Miethzins den Betrag des Wohnungsgeldzuschusses für den betreffenden Ort übersteigen.

Anschließend hieran folgen ähnliche Unternehmungen privater Arbeitgeber:

9. Die chemische Fabrik Wohlgelegen dahier besitzt 150 Arbeiterwohnungen verschiedener Größe. Die Parterrewohnungen haben 2 Zimmer, wovon das eine, wenn die Familienverhältnisse es erfordern, durch eine Bretterwand in zwei immer noch genügend große Räume getheilt werden kann. Die Wohnungen im zweiten Stock umfassen zwei Zimmer nebst Küche. Zu jeder Wohnung gehört ein Abort, Keller-, Speicher- und Gartenantheil. Ein Brunnen vor der Kolonie liefert aus drei verschiedenen mit betreffender Aufschrift versehenen Röhren Trinkwasser von der städtischen Wasserleitung, Brauchwasser vom Pumpwerk der Fabrik und Warmwasser aus der letzteren. Während früher die Wohnungen unentgeltlich abgegeben waren, wird seit einiger Zeit ein wöchentlicher Miethzins von 1 M. erhoben, der aber wiederum für Arbeiterwohlfahrtseinrichtungen verwendet wird. In der Kolonie sind ferner Schlafsääle für ledige Arbeiter, ein Brausebad und römisch-irische Bäder vorhanden.

10. Die Mannheimer Portland-Cement-Fabrik hat in verschiedenen, ihrem Anwesen benachbarten, nach und nach angekauften Häusern für ihr Arbeiterpersonal 22 Wohnungen, und zwar völlig unentgeltlich, zur Verfügung gestellt.

11. Die Tapetenfabrik von H. Engelhard hier erbaute im Jahr 1893 zwischen der 13. und 14. Querstraße jenseits des Neckars 3 dreistückige, insgesammt 18 Arbeiterwohnungen umfassende Gebäude. Für die Wohnungen im Erdgeschoß berechnet die Fabrik 13 M., für jene im ersten und zweiten Stock 14 M. monatliche Miethzinsen.

12. Im vorigen Jahre erstellte Fabrikant Dr. Propfe (Lindenhof) drei Häuser von vier Stockwerken nebst Mansarden, jedes Stockwerk

2 Wohnungen umfassend, somit insgesammt 30 Wohnungen, welche jedoch zum Theil auch an Arbeiter anderer als des Propfe'schen Etablissements vermiethet werden.

13. Im Stadttheil Waldhof haben zwei Fabriken ihrem Personal Wohnungen in größerem Umfang zur Verfügung gestellt, nämlich:

a) Die Spiegelfabrik 345, wovon die sämmtlichen Küche, fast alle Keller und Stall, 40 3 Zimmer, 286 2 und 19 1 Zimmer, alle außerdem etwas Garten enthalten und unentgeldlich abgegeben sind.

b) Die Zellstofffabrik bis Ende 1891 58, wovon 16 über 2 Zimmer und zwei Dachkammern, 36 über 1 Zimmer, 1 Alkoven und 2 Dachzimmer, ferner 3 über 2, 2 über 1 und 1 über 3 Zimmer, zugleich alle über je eine Küche und Gartennutzung zu verfügen haben. Hiezu kamen im Jahr 1892 12, im Jahre 1893 17 und 1896 12 neuerstellte Wohnungen, 16 weitere Wohnungen sind z. Zt. im Bau begriffen.

Diesen erfreulichen Beispielen sozialer Fürsorge reihen sich zwei, eben erst im Entstehen begriffene Unternehmungen der Großindustrie in der gleichen Stadtgegend würdig an die Seite:

c) Die Firma Bopp und Reuther erbaut für das verheirathete Personal ihrer nächst dem Bahnhof Waldhof gelegenen neuen Eisengießerei 6 Häusergruppen, deren jede 6 dreistöckige Häuser enthält. In jedem Stockwerk befindet sich eine Wohnung von drei geräumigen Zimmern nebst Küche und Abort. Zu jeder der insgesammt 108 Wohnungen gehört ein Stück Gartenland vor und zwischen den Gebäudegruppen.

d) Das Etablissement Drais=Fahrradwerke daselbst hat ebenfalls bereits 36 Arbeiterwohnungen errichtet.

14. Sehr umfangreich ist die gleichartige Anlage der Anilin= und Sodafabrik in Ludwigshafen a. Rh. Dieselbe zählt 105 mit je 4 und 12 Häuser mit je 2 Wohnungen, somit insgesammt 444 Wohnungen. Sämmtliche Wohnungen sind baulich vom Keller bis zum Dachraum von einander getrennt und ist jeder ein Gärtchen beigegeben. Die Miethzinsen betragen 82 M., bezw. 62 M. pro Jahr, — somit nicht die Hälfte der sonst in Ludwigshafen für Wohnungen geringerer Art zu zahlenden Miethzinsen.

15. Die Zuckerfabrik Frankenthal verfolgt das Prinzip, jedem verheiratheten Arbeiter, der mindestens fünf Jahre in der Fabrik beschäftigt ist, eine Wohnung zu erstellen. Gegenwärtig bestehen ca. 200 Wohnungen und das Erbauen derselben wird bis zur Erreichung des angegebenen Zieles fortgesetzt. Die Wohnungen enthalten 2 – 3 Zimmer, Küche und Zubehör, ein Ställchen und mit wenigen Ausnahmen auch ein Gärtchen. Die unter obiger Zahl begriffenen Aufseherwohnungen umfassen 3 - 5 Zimmer. Die Miethpreise sind

nach Lage und Bauart der Wohnungen verschieden und betragen pro Monat für Wohnungen von 2 Zimmer 2c. 2 M. 60 Pf., 5 M. 20 Pf. und 7 M.; für Wohnungen von 3 Zimmern 2c. 5 M. 20 Pf., 8 M. und 10 M. Das Anlagekapital verzinst sich zu 2 pCt.

16. In der Nachbarstadt Worms haben die beiden großen Lederwerke von Cornelius Heyl und Dörr u. Reinhardt seit langer Zeit in verschiedenen Formen der Wohlfahrtspflege sich hervorgethan. Wenn darunter die Beschaffung von Wohnungen, verglichen mit den sonstigen Leistungen und der großen Arbeiterzahl, keinen so breiten Raum einnimmt, so beweist dies nur, daß eben dort in dieser Beziehung ein eigentlicher Nothstand noch nicht zu Tage getreten ist. Die erstgenannte Firma besitzt in Worms 3 Ein=, 24 Zwei= und 1 Mehrfamilienhaus mit zusammen 58 Wohnungen, 11 Ein= und 4 Zweifamilienhäuser stehen in den umliegenden Ortschaften. Jede Wohnung enthält drei Zimmer mit Küche und Gartenantheil, wofür 100 Mk. jährlich zu entrichten sind. Heyl bevorzugt den Erwerb von Eigenhäusern durch die Arbeiter, zu welchem Behuf er aus seiner kürzlich gemachten Stiftung von 150 000 M. Vorschüsse und nöthigenfalls Zuschüsse gewährt. Auch die Firma Dörr und Reinhardt hat bisher an einzelne Arbeiter Unterstützungen zum Bau eigener Häuser bewilligt. Sie besitzt in Worms 14 Miethshäuser mit 44 Familienwohnungen, acht Häuser sind für zwei, vier für vier und zwei für sechs Familien eingerichtet.

17. Am eifrigsten und erfolgreichsten wird das System des Eigenthumserwerbes kleinerer Anwesen durch die Arbeiter von dem bekannten Philantropen Fabrikbesitzer Ten Brink gepflegt, dessen Etablissement in Arlen, Amt Konstanz, von einer ansehnlichen Kolonie solcher Eigenhäuser umgeben ist.

18. Die Firma Köchlin, Baumgartner & Co. in Lörrach erbaute schon im Jahre 1858 Wohnungen für die Mehrzahl ihrer Arbeiterschaft, die heute noch als nachahmenswerth gerühmt werden.

19. Die Aktiengesellschaft Höchster Farbewerke in Höchst a. M. besitzt 166 Wohnhäuser für Arbeiter und Bedienstete, vorwiegend Doppelhäuser, in kleinerem Maße Einfamilien= und Vierfamilienhäuser. Jede Wohnung verursachte einen durchschnittlichen Bauaufwand von ca. 4500 M. dem gegenüber die Miethe von monatlich 12 M. eine etwa 3½ prozentige Verzinsung des Anlagekapitals bedeutet. Hierbei ist freilich der Platzwerth, die Unterhaltungs= und Verwaltungskosten und Abgaben nicht berücksichtigt.

20. Die Burbacher Eisenhütte in Burbach begann bereits anfangs der 1870er Jahre mit dem Bau von Arbeitermiethwohnungen. Bis 1890 wurden zusammen 78 Häuser erstellt, welche

7 Wohnungen mit je 2 Wohnräumen
61 „ „ 3 „
39 „ „ 4 „
35 „ mehr als 4 Wohnräumen enthalten.

Alle Wohnungen haben Wasserleitung, Antheil an Garten und Stallung. Der monatliche Miethpreis beträgt für ein Wohnzimmer 4 M., für ein Dachzimmer 2 M., für einen Stall 1 M. Je nach der Zahl der Dienstjahre des Miethers findet ein Miethnachlaß statt und zwar

nach 10jähriger Dienstzeit 25 pCt.
„ 20 „ „ 50 „
„ 30 „ „ 75 „

während nach 40jähriger Dienstzeit die Wohnung miethsfrei gewährt wird.

Seit 1890 ist die Erstellung von Miethwohnungen durch das System des Eigenerwerbs von Wohnhäusern ersetzt. Die Baukosten eines Zweifamilienhauses betragen 3700—4000 M. Alle Häuser haben Vorgärten und Hausgärten von ca. 2 Ar. Die vom Käufer an die Fabrik zu leistende Anzahlung beträgt 600—1000 M., die monatliche Abzahlung 25—40 M., der Rest des Kapitals wird mit 4 pCt. verzinst.

21. Auch die Steingutfabrik von Villeroy und Boch in Mettlach a. d. Saar vermeidet grundsätzlich das Vermiethen der Häuser, deren sie von 1874-1893 172 mit einem Aufwande von 598 878 M. erstellt hat. Dieselben werden zum Selbstkostenpreis von 1500— 4500 M. für das Einzelhaus an die Arbeiter verkauft, welche 3 pCt. Zins und 2 pCt. Amortisation zu zahlen haben.

22. Die Firma Friedrich Krupp in Essen hat bis Ende 1891 mit einem Aufwand von 1,7 Millionen über 3700 Arbeiterhäuser erstellt, in denen ca. 26000 Menschen wohnen. Die Miethpreise betragen für zwei Räume 90—108 M., für drei 120 bis 162 M. und für vier Räume 180—200 M. pro Jahr. Arbeiter und Ange= stellte, welche selbst ein Einfamilienhaus bauen oder kaufen wollen, erhalten aus einem 500 000 M. betragenden Fond Darlehen, die zu 3 pCt. verzinslich und in 25 Jahresraten heimzahlbar sind. Das neueste Unternehmen Krupp's ist die Wohnungskolonie „Alfredshof", die insgesammt 500 Wohnungen umfassen wird, mit deren Bau im Jahre 1894 begonnen wurde. Das hierfür bestimmte Grundstück liegt ca. 20 Minuten von der Gußstahlfabrik entfernt und umfaßt 197 000 qm. Davon entfallen auf freie Plätze, Straßen und sonstige, für besondere Zwecke vorbehaltene Flächen ca. 60 000 qm, so daß für Hausplätze 137 000 qm übrig bleiben und auf die

Wohnung durchschnittlich 274 qm kommen. Projektirt und zum Theil bereits ausgeführt sind:

a. Freistehende Einfamilienhäuser mit fünf Räumen, davon drei im Erd= und zwei im Dachgeschoß; Baukosten M. 4900 bei 71 qm und M. 5500 bei 77,07 bezw. 79,05 qm nutzbarer Wohnfläche.

b. Doppelhäuser (zwei zusammengebaute, senkrecht getheilte Ein= familienhäuser) mit drei= und vierräumigen Wohnungen; die nutz= bare Wohnfläche beträgt 92,00, bezw. 108,30 und 125,24 qm; der Bauaufwand M. 7500, M. 8000, bezw. M. 8700.

c. Vierfamilienhäuser nach altem Mülhauser Typus. Dieselben ent= halten ebenfalls drei= und vierräumige Wohnungen mit 189,00, 202,40, 265,76 und 269,60 qm Fläche und kosten M. 13560, bezw. M. 14880, M. 18200 und M. 16950.

Jede Wohnung bildet ein in sich abgeschlossenes Ganze mit besonderem Eingang durch den zugehörigen Garten. Die Küchen in den drei= und vierräumigen Wohnungen werden nach Ortsgebrauch als Wohnraum mitbenützt. Die Aborte befinden sich außerhalb der Wohnungen.

Durch die verschiedenartigen Bauformen, die mannigfaltige Be= handlung der Außenwände und Dächer, sowie durch die Anlage von Diagonalstraßen ist ein wechselvolles, an malerischen Durchblicken reiches Bild geschaffen.

23. Die Firma D. Peters und Comp. in Neviges bei Elberfeld baute bis 1890 79 Häuser, wovon bereits 50 an ihre Arbeiter zu billigem Preise und günstigen Bedingungen verkauft sind.

24. Charakteristisch ist die Art des Vorgehens eines Arbeitgebers in Schleswig=Holstein, der Alsen'schen Portland=Cement= Fabriken in Itzehoe, welche schon im Jahre 1888 achtzig Fa= milienwohnungen, in der Mehrzahl mit Gartenland, erstellt hatte. Die Firma gewährt die Wohnung unentgeltlich mit der Verpflichtung für den Miether, vom Wochenlohn 2 Mark bei der Sparkasse zu erlegen, welche Eigenthum des Arbeiters bleiben. Die Erfahrung lehrte, daß die Fürsorge sich nicht auf die Herstellung verkäuflicher Wohnungen erstrecken solle, sondern sich auf einfache Miethwohnungen, bei denen sichere und angemessene Verzinsung des Anlagekapitals zu erwarten sei, zu beschränken habe. Um den Arbeiterfamilien die Miethe nicht zu theuer, die Baukosten des Hauses also von Anfang an nicht zu hoch zu machen, war die Beschränkung auf zwei Zimmer nebst Küche angezeigt, wobei sich auch das strikte Verbot der After= vermiethung an Kostgänger 2c. durchführen ließ.

Auch an anderen Orten der genannten Provinz ist von Seiten der Arbeitgeber und zwar durchgängig mit befriedigendem Erfolg für

beide Theile, in ausgedehnter Weise für die Befriedigung des Woh=
nungsbedürfnisses ihrer Leute gesorgt worden.

25. Minder günstig scheinen die Verhältnisse im Königreich Sachsen
zu liegen, woselbst, wie verschiedenen Aufsätzen in der Zeitschrift
„Arbeiterfreund" entnommen wird, nicht allein in den Großstädten
Leipzig, Dresden und Chemnitz und deren nächster Umgebung, sondern
auch in den mittleren und kleineren Städten eine Unzulänglichkeit der
Wohnungen überhaupt, vorzugsweise aber eine solche an räumlich und
sanitär genügenden Wohnungen konstatirt worden ist. Dessenungeachtet
hat die Vorsorge Seitens der Arbeitgeber dort noch keinen der hochent=
wickelten Industrie des Landes entsprechenden Umfang angenommen.
Bis Ende der 1880er Jahre hatten nur eine Zahl von 34 Arbeit=
gebern zusammen 202 Wohnhäuser mit insgesammt 820 Wohnungen
für ihr Personal errichtet. Hiervon seien hervorgehoben:

a) Die „Aktiengesellschaft für Glasindustrie" in
Dresden, 3 Gebäude mit 92 Wohnungen und 538 Be=
wohnern.

b) Die „Vereinigten Radeberger Glashütten" in
Radeberg mit 18 Häusern, welche in 83 Wohnungen
479 Einwohner beherberger.

c) Die Firma C. A. Tetzner u. Sohn in Schweizer=
thal mit 68 Wohnungen in 13 Gebäuden und

d) die Firma F. G. Lehmann in Roßwein mit 51 Woh=
nungen in 17 Häusern.

Von außerdeutschen Beispielen der Wohnungsfürsorge des Arbeitgebers
ist die Arbeiterstadt Pullman (Illinois, Nordamerika) nicht allein ihrer muster=
haften Einrichtungen, sondern fast mehr noch des von ihrem Schöpfer und
Eigenthümer, dem Waggonfabrikanten gleichen Namens, gegen die Bewohner
geübten Terrorismus halber das bekannteste. In Frankreich, Belgien und der
Schweiz haben ähnliche zum Theil nicht minder großartige Unternehmen gute
Erfolge zu verzeichnen. So hat die Chokoladefabrik Ph. Suchard in Serrieres
bei Neu=Châtel (Schweiz) ihre 1400 Angestellten in villenartigen Häusern der
mannigfaltigsten Bauformen, unter denen jedoch das zweistöckige Einzelhaus vor=
wiegt, untergebracht, deren zweckentsprechende Ausgestaltung mit der landschaftlich
wundervollen Lage am Seegestade wetteifert. Der durchschnittliche Miethzins
beträgt ca. 110 M. pro Jahr = 9—10 % des Lohneinkommens. Er ver=
mindert sich mit der Zahl der Dienstjahre in der Fabrik. Die Niederlassung
ist mit Schule, Bädern, Lesehallen zc. versehen, deren Benützung den Ein=
wohnern, ebenso wie freie ärztliche Behandlung, belehrende Vorträge, musika=
lisch Veranstaltungen unentgeltlich zur Verfügung stehen.

Die vielfach auch hierher gezählte „Cité ouvriere" zu Mülhausen i. Els.,
die Gründung einer ursprünglich aus 12 Fabrikanten unter Leitung des be=

kannten Großindustriellen Dollfus bestehenden Actiengesellschaft ist unter D. (Seite 101) des Näheren besprochen.

B. Selbsthülfe der Wohnungsbedürftigen.

Die Urform der Selbsthilfevereinigungen ist ein im Jahre 1815 zu Kirkudbright (Schottland) von Lord Selkirk gegründeter Dorfklub, dessen Mitglieder Spareinlagen ansammelten, welche alsdann zu Vorschüssen zum Zwecke des Hausbaues verwendet wurden. Bald folgten andere Vereine und in den dreißiger Jahren begannen sich solche auch in England rasch zu ent= wickeln, so daß sich die rechtliche Regelung derselben erforderlich machte, welche denn auch mit Gesetz vom 14. Juli 1836 erfolgte. Zu den ursprünglich „terminablen Gesellschaften" (Building societies) mit begrenzter Zeitdauer und geschlossener Mitgliederzahl traten in den 40er Jahren die „dauernden Genossen= schaften" (permanent societies). Beide sind jedoch in einzelnen Punkten von der „Genossenschaft" anderer Länder verschieden und nähern sich der gemein= nützigen Actiengesellschaft. Unter der Herrschaft des jetzt geltenden Gesetzes von 1874/75 entwickelten sich die Building societies zu großer Blüthe, sie nahmen aber zugleich immer mehr den Charakter von Realkreditbanken an, als welche sie aus der hier besprochenen Gruppe ausscheiden und unter Ab= schnitt D. zu behandeln sind. In neuerer Zeit hat sich das Vertrauen in die Building societies sehr vermindert, weil die gemeinnützige Wirksamkeit durch die Gewinn=Absicht fast völlig verdrängt ist, so daß ihnen von be= rufener Seite eine größere Bedeutung für die Arbeiterwohnungsfrage nicht mehr beigelegt wird. Nach einer Besprechung in der „Labour Gazette" vom Mai 1897 haben die Genossenschaften übrigens seit Erlassung der Building societies act von 1894 wieder einen beträchtlichen Aufschwung genommen und es scheint die Krisis der vorhergehenden Jahre überwunden zu sein. Die eigentlichen Baugenossenschaften Englands, (Land and Building societies), deren Geschäftskreis sich auf Kauf von Land, Bau von Häusern, Verkauf und Miethe, aber auch auf Gewährung von Hypothekenkredit erstreckt, zeigen nach Zahl und Geschäftsumfang im Vergleich zu ihren, nur dem Kreditgeschäft sich widmenden Schwesteranstalten eine geringe Entwickelung. 1887 wurden 69 mit 6624 Mitgliedern, 332 134 £ Aktiven, 236 407 £ Passiven, 18 885 £ Gewinn und 5849 £ Verlust gezählt.

Eine gewaltige Ausbreitung fanden die Building societies in den Ver= einigten Staaten Nordamerikas, woselbst sie ebenfalls sich auf die Leistung von Bauvorschüssen beschränken. So besaß Pennsylvanien 1886 ca. 1000 Genossenschaften mit 218 000 Mitgliedern, 84 Millionen Dollars Aktiven, sowie jährlich 35 Millionen Einnahmen, 33 Millionen Bauvorschüssen und $17\frac{1}{2}$ Millionen Gewinn. In der Stadt Philadelphia allein bestanden 400 Gesell= schaften, in Chicago 300, in Cincinnati 400, in New=York 300 Gesellschaften. Im Jahre 1888 schätzte man die Zahl aller in den Vereinigten Staaten be= stehenden Baugenossenschaften auf 4000 mit 872 000 Mitgliedern, $5\frac{1}{2}$ Mil= lionen Antheilen, 272 000 Borgern, $1\frac{1}{2}$ Millionen beliehenen Antheilen,

336½ Millionen Dollar Aktiven, 131½ Millionen gewährten Vorschüssen und 20½ Millionen Gewinn.

Von Frankreich sind nur zwei Baugenossenschaften mit nicht erheb=
licher Mitgliederzahl, welche bis 1888 270 Häuser erbaut hatten, bekannt,
während hingegen in Italien 1888 63 Gesellschaften, deren Mitglieder haupt=
sächlich Arbeiter waren, gezählt werden.

Durchweg geringe Erfolge haben die Baugenossenschaften in Oester=
reich zu verzeichnen. Die in den 1870er Jahren gegründeten Genossenschaften
gingen fast ausnahmslos zu Grunde, 1888 bestanden nur 12 solche neueren
Datums von minimaler Leistungsfähigkeit.

Anders Dänemark, das die gleiche Zahl von Vereinen zählt. Das
für die ersten deutschen Selbsthilfe=Verbindungen vorbildliche und von
diesen noch unerreichte Unternehmen ist der im Jahre 1865 gegründete
„Arbeiterbauverein" in Kopenhagen Derselbe hatte im Jahre 1883
523 Häuser im Werthe von 3,690,441 Kronen erbaut. 1889 zählte er
16,241 Mitglieder. Mitglied kann jeder werden, der sich verpflichtet, wö=
chentlich 35 Oere (40 Pfg.) auf die Dauer von 10 Jahren zu zahlen. Die
mit den Beiträgen und aufgenommenen Darlehen erbauten Häuser werden
unter die sich bewerbenden Mitglieder verloost. Auf jeden Geschäftsantheil
(deren ein Mitglied bis zu 10 besitzen kann) fällt ein Loos. Der Gewinner
zahlt den Erwerbspreis mit seinem bisherigen Guthaben in wöchentlichen
kleinen Ratenzahlungen, sowie durch Fortzahlung der bisherigen Beiträge bis
nach vollendetem 10. Jahre seiner Mitgliedschaft. Auf diese Weise wird er in
24—26 Jahren Eigenthümer des schuldenfreien Hauses. Wer während 10jähriger
Mitgliedschaft kein Haus ausgeloost hat, kann Einzahlungen und Gewinn=
antheile ausbezahlt verlangen. Alljährlich werden 80—90 neue Häuser gebaut.

Die für Selbsthülfe=Unternehmungen üblichen Formen sind in Deutsch=
land ebenfalls die Genossenschaft — nach Maßgabe der Reichsgesetze vom
4. Juli 1868 bezw 1. Mai 1889 — und die Vereine mit den Rechten einer
juristischen Person. Doch ist nur die erstere zu einer größeren Bedeutung
gelangt. Im Frühjahr 1890 bestanden in Deutschland insgesammt etwa 50
Baugenossenschaften, welche sich in der Mehrzahl mit der Beschaffung eigener
Häuser für ihre Mitglieder, im Uebrigen mit der Vermiethung von Wohnungen
an dieselben befaßten.

Als die in Bezug auf Organisation, Erfolg und Mitgliederzahl hervor=
ragendste genossenschaftliche Vereinigung im Deutschen Reiche ist der „Spar=
und Bauverein" zu Hannover zu nennen. Derselbe zählte Ende 1891
1580 Mitglieder, Ende 1895 bereits 2783 Mitglieder; die Gesammteinzah=
lungen der letzteren betrugen 1894 893,626 Mark 10 Pfg. Auf den Kopf
des Mitgliedes entfielen 1893 236 Mark, 1894 dagegen bereits 280 Mark
und 1895 321 Mark Einlagen. Es gestattet diese Steigerung einen Rück=
schluß auf das wachsende Vertrauen, dessen sich die Gesellschaft erfreut.

Der Verein kauft die Baumaterialien selbst und vergibt sämmtliche Bau=
arbeiten im beschränkten Submissionsverfahren. Die Häuser sind in Backstein=

rohbau mit Verwendung von Glasuren ausgeführt und entsprechen ihrem Aeußeren nach jedem schlichten bürgerlichen Wohnhause in der Stadt. Bei der einfachen Ausstattung des Innern ist mehr auf Zweckmäßigkeit als auf Billigkeit Rücksicht genommen. Die Wohnungen bestehen aus 1 Stube und 1 Kammer, 1 Stube und 2 Kammern oder 2 Stuben und 2 Kammern je nebst Küche und Wasserleitung und verschließbarem Vorplatz, sowie Kellerraum. Je zwei Wohnungen benutzen ein regelrecht gelüftetes Kloset, die Waschküche und der Trockenraum jeden Hauses wird der Reihenfolge nach benutzt. Jede Stube mißt 3,80 × 4,20 = 15,96 qm, jede der Kammern 2,90 × 4,50 = 13,05 qm, jede Küche 2,60 × 3,60 = 9,36 qm und jeder Vorplatz 1,45 × 3,40 = 4,93 qm. Die Höhe der Wohnungen beträgt 3,10 m im Lichten. Kein Raum erhält indirektes Licht, kein Fenster führt auf einen Lichthof. Von den im Januar 1895 bewohnten 336 Wohnungen (in 64 Häusern) kosten Jahresmiethe:

3 Wohnungen	(1	Stube	1	Kammer)	Mk.	120 - 140
14 "	(1	"	1	")	"	150—155
11 "	(1	"	2	")	"	160—170
51 "	(1	"	2	")	"	175—180
89 "	(1	"	2	")	"	185—190
74 "	(1	"	2	")	"	200—205
47 "	(1	"	2	")	"	210
38 "	(1	"	2	")	"	220
4 "	(1	"	2	")	"	240—260
5 "	(2	"	2	")	"	240—260;

deren sechs sind mit Läden bezw. dem Vereinslokal verbunden. In jedem Haus ist zur Aufsicht ein „Vicewirth" im Ehrenamt bestellt, der auch die nöthigen Reparaturen anzeigt. Eine Kommission von Mitgliedern revidirt außerdem von Zeit zu Zeit die Wohnungen in Bezug auf Reinlichkeit und Instandhaltung. Die Miethszahlung erfolgt vierteljährlich postnumerando. Im Jahre 1894 erstmals erlitt der Verein eine Miethsverlust von 95 Mark. Miethssteigerungen und Kündigungen finden, letztere anständiges Verhalten vorausgesetzt, nicht statt. Auf 1. April 1896 hat sich die Zahl der beziehbaren Wohnungen auf 399 erhöht. Die bereits vermietheten Häuser liefern eine Verzinsung des Anlagekapitals von 6,47 pCt., die 4 pCt.ige Verzinsung der Mitglieder=Einzahlungen ist somit dauernd gesichert. Zur Deckung der Reparaturkosten dient ein Hilfsreservefonds, zur Deckung von Verlusten der Reservefonds. Dem Reservefond wurden im Jahre 1895/96 10 pCt, dem Hilfsreservefond nahezu 4 pCt. des Reingewinns, unbeschadet der 4 pCtigen Verzinsung der Geschäftsantheile und Spareinlagen zugewiesen.

Das Baugelände ist zum Tagespreis erworben, die Straßenkosten hingegen sind von der Stadt nachgelassen worden.

Nach gleichen Principien ist der „Spar= und Bauverein Göttingen" eingerichtet, dessen Organisation ebenso wie die Bauweise als musterhaft bezeichnet worden.

Der „Berliner Spar= und Bauverein" brachte es während eines dreijährigen Bestehens auf 1097 Mitglieder, darunter

231 Eisenbahnarbeiter,
452 Arbeiter privater Betriebe,
171 selbständige Handwerker,
293 Angehörige der besserfituirten Stände.

Der Verein erstellte in eigener Regie, nach dem Vorbilde des Hanno= verschen Vereins, im Stadttheil Moabit einen 86 Einzelwohnungen enthal= tenden Gebäudekomplex mit einem Aufwand von 440 000 Mark und hat bereits einen weiteren Neubau in einem anderen Stadtttheil in Angriff genommen. Die überaus hohen Grundstückspreise in Berlin nöthigen zur Annahme des Kasernentypus, dessen Hauptnachtheile indessen bei den Bauten des Vereins in musterhafter Weise vermieden sind. Vorderhaus, Hinterhaus und zwei Seitenflügel umschließen einen großen, gartenartig angelegten und sehr ge= räumigen Square, hinter dem Quergebäude befindet sich außerdem ein fast ebenso großer Spielplatz. Jede einzelne Wohnung ist vollkommen in sich ab= geschlossen und hat außer den Wohnräumen (1 bezw. 2 Zimmer) Küche, Speisekammer, Korridor und Wasserklojet, sowie abgeschlossenen Keller= und Bodenraum. Waschküchen, Trockenboden und Badezimmer sind je für 20 Fa= milien gemeinschaftlich. Der jährliche Miethpreis beträgt je nach Lage und Rauminhalt:

für Wohnungen mit einem Zimmer und allem Zubehör 171—257 Mk.
     „   „   „   zwei   „   „   „   „   219—480   „

Bei voller Vermiethung entspricht die Bruttoeinnahme 6 pCt. des An= lagekapitals.

Bemerkenswerth sind die Erfolge des 1878 gegründeten „Arbeiter= bauvereins Flensburg", der sich aus besser gestellten Lohnarbeitern, Maschinen= und Gießereiarbeitern, Formern, Schriftsetzern, Möbeltischlern, kleinen selbständigen Handwerkern, Subalternbeamten rekrutirt und 1894 be= reits 27 Häuser mit 62 Wohnungen besitzt.

Aehnliche Genossenschaften bestehen in Hamburg, Altona, Bremen, Halle a. S., München, Breslau, Spandau, Magdeburg, Görlitz u. a. O.

Eine Mittelstellung zwischen der Fürsorge des Arbeit= gebers und der Selbsthülfe der Arbeiter nimmt die berühmte Arbeiterkolonie der Niederländischen Hefe= und Spiritusfabrik zu Delft (Holland) ein. Inmitten einer herrlichen, 4 Hektar umfassenden, an die Fabrik angrenzenden, mit Wasseranlagen, Teichen und Brücken, Busch= werk, Rasenplätzen und Blumenbeeten ausgestatteten Parkanlage, dem „Agneta= park" befinden sich neben dem Hause des Direktors, einem Verkaufsmagazin, Kosthaus, Vereinsgebäude rc., einer Kleinkinderbewahranstalt, einem Casino mit Bibliothek 90 Arbeiterwohnungen, je vier bis sechs unter einem Dach vereinigt, jedoch jede mit besonderem Eingang und Gärtchen. Die Anlage

6*

ist gemeinsames Eigenthum einer Aktiengesellschaft, deren Kapital 160 000 fl. beträgt. Als Miethzins werden 7½ pCt. der Herstellungssumme berrechnet, womit zunächst die Verwaltungs= und Erhaltungskosten, dann die Hypotheken= zinsen und darauf die Zinsen der Stammactien bestritten werden. Von dem so verbleibenden Reingewinn werden 10 pCt. dem Reservefond überwiesen und 90 pCt. zur Amortisation der Obligationen verwendet, im Uebrigen aber dem Miether gutgeschrieben. Hat dieser auf solche Weise 100 fl. gut, so erhält er eine Aktie, die ihm nun 3 pCt. Zinsen trägt. Nach 39 Jahren ist die ganze Anlage freies Eigenthum der Besitzer der Sparantheile.

C. Humanitäre Bestrebungen Privater.

Die Zuwendung erheblicher Mittel für humanitäre Zwecke, wie insbe= sondere die Beschaffung guter und billiger Arbeiterwohnungen von Seiten Privater in Form von Schenkungen und Stiftungen ist eine in England nicht seltene Erscheinung, während solche in unserem Vaterlande nur in bescheidenem Maßstabe hervortritt.

An der Spitze aller hierher gehörigen Veranstaltungen der Welt steht 1. die berühmte Peabody-Trust in London. Das Grundkapital dieser größten aller bestehenden Baugesellschaften rührt aus Stiftungen des Amerikaners Peabody im Betrage von 10 200 000 Mark her, welches sich bis Ende 1884 durch die aufgelaufenen Zinsen bereits auf ca. 17 Millionen ver= größert hatte. Mit Hülfe dieses Kapitals, sowie von 8 Millionen Mark Anleihen sind in verschiedenen Stadttheilen Londons 18 Gebäudekomplexe er= richtet, in welchen 1886 über 4500 Familien mit über 24 000 Seelen wohnten. Die Häuser sind 5= bis 6stöckig, in jeder Etage befinden sich 5 bis 6 Wohnungen. Jede Wohnung hat einen Kochofen und besondere Wasser= leitung, auf jedem Flur befindet sich ein Closet, in jedem Haus ein Wasch= und Trockenraum.

Die Wohnungen zerfallen in: 715 mit einem Raum, 2153 mit 2, 1609 mit 3 und 74 mit 4 Räumen. Die Größe der Räume schwankt zwischen 3,65 × 3,65 und 4,55 × 3,65 m bei einer Höhe von 2,75 m. Die Mieth= zinsen (2—3,50 M. für einen Raum, 3—5,25 M. für 2, 4—7,25 M. für 3 und 7,25—7,50 M. für 4 Räume einschließlich der Gas= und Wasser= zinsen) sind wöchentlich zum Voraus fällig und werden an bestimmten Tagen von Collectors eingesammelt.

Aftermiethe ist verboten, auch im Uebrigen besteht eine überaus strenge Hausordnung, namentlich in sanitärer und sittlicher Beziehung.

Nach dem Rechenschaftsbericht der Gesellschaft für 1894 gingen in diesem Jahre £ 62,734 (= 1 255 000 M.) Miethzinsen ein. Die Ausgaben betrugen u. a.

für öffentliche Abgaben . . £ 9299.—
  „ die Verwaltung . . . „ 1425.—
  „ Reparaturen u. dergl. „ 17217.—

Nach Bestreitung dieser Lasten und der Schuldzinsen (von ursprünglich £ 390 000. — Anlehen stehen noch £ 110 000. —) verblieb ein Reingewinn pro 1894 von £ 29 995 (= 600 000 M.), welche der Bestimmung des Statuts entsprechend zur Erweiterung des Unternehmens verwendet wurden.

2. Hier wäre auch der Thätigkeit der Miss Octavia Hill in Lon= don zu gedenken, die einerseits als Wohlthätigkeits=Bestrebung, andererseits als private Bauthätigkeit charakterisirt werden kann. Miss Hill widmete das ihr, einer mittellosen Lehrerin, reichlich von Privaten zur Verfügung gestellte Kapital nicht dem Neubau von Arbeiterwohnungen, vielmehr dem Erwerbe und der Instandsetzung halbverfallener, im Schmutz verkommener Ge= bäude in den verrufensten Stadttheilen Londons. Die Verbesserungen der Wohnungen wurden jedoch nur allmählig und zwar Hand in Hand mit der Erziehung der meist im höchsten Grade verwahrlosten Bewohner vorgenommen. Wer nicht zu bessern ist, dem wird gekündigt. Aeußerste Strenge wird beim Einzug der Miethe geübt. Meist führt die Drohung mit der Kündigung die Zahlung des Miethpreises herbei, da ausnahmslos auf das Wohnen in Hills= häusern großen Werth gelegt wird. Der Miethzins ist 25, zuweilen sogar 50 pCt. niedriger als der für andere Wohnungen. Im Falle wirklicher Noth= lage beschäftigt Miss Hill ihre Miether mit Reparaturarbeiten, Aufräumen, Reinigen ꝛc. Der Miethzins wird wöchentlich durch Damen einer wohl= thätigen Vereinigung erhoben. Während in den Häusern der Miss Hill die ärmsten Schichten der Bevölkerung Unterkunft finden, gehören die Bewohner der Peabody=Gebäude der besten Klasse der Arbeiter und dem Stande der Kleinhandwerker an. Die Thatsache des Wohnens in einer dieser Anlagen wird als eine Art Führungsattest betrachtet, die Bewohner derselben sind von den Arbeitgebern derart gesucht, daß nur auf wenige Tage einer derselben arbeitslos ist.

3. Eine ähnliche Aufgabe hat sich der Konsul de Liagre in Leipzig im Verein mit einigen Menschenfreunden daselbst gestellt. Derselbe kaufte drei ältere, für Wohnzwecke minderwerthige Gebäude an, ließ solche zu einer Anzahl kleiner, aber gesunder Wohnungen einrichten, welche zu einem wöchent= lich vorauszahlbaren Miethzins von 1 Mark (für einfenstrige Stuben) von 1,80—2,20 Mark (für eine zweifenstrige Stube) ꝛc. vermiethet sind. After= vermiethungen und Vergebung von Schlafstellen sind verboten. Die Erhe= bung des Miethzinses geschieht durch Damen eines wohlthätigen Vereins in den Wohnungen der Miether.

In neuerer Zeit ist Herr de Liagre mit Erfolg für eine bedeutende Erweiterung seines Werkes bemüht gewesen.

4. Erwähnung verdient auch das Unternehmen der Frau Professor Hasse, gleichfalls in Leipzig. Auf einem Grundstück nahe bei Leipzig= Gohlis, der „Goldenen Höhe", rief dieselbe eine Wohn= und Gartenanlage ins Leben, welche Anfangs Juli 1891 drei Doppelhäuser mit 51 Haushal=

tungen und 247 Personen umfaßte, jedoch damals schon auf 65 Wohnungen gebracht werden sollte. Der Miethzins beträgt 96—220 Mark per Jahr.

5. Eine andere derartige Anlage besteht in Leipzig unter dem Namen „Salomon=Stiftung", 7 selbständige Häuser mit 140 Woh= nungen, großer Gartenanlage, Kleinkinderbewahranstalt, Wasch= und Bade= häuser umfassend.

6. Die „Johann Meyer=Stiftung für Arbeiterwohnungen" in Dresden besitzt neben einem Kapitalvermögen von 417000 M. 64 Wohnungen in 8 Hausgruppen, welche der Rath der Stadt verwaltet. Die Wohnungen sind stiftungsgemäß zu einem geringeren, als dem marktgängigen Miethzins abzugeben. Die Stadtgemeinde hat die Bestrebungen der Stiftung durch Ueberlassung von Bauareal unter dem Tagespreise gefördert.

7. Die Arbeiteransiedelung „Wilhelmsruhe" bei Köln, eine Stiftung des Geheimen Bergraths Dr. vom Rath in Bonn, gehört ebenfalls hierher. Vermittelst des Legats von 450000 Mark sind 80 Doppelwoh= nungen erbaut. Die Einnahmen aus Miethzinsen sind stiftungsgemäß zur weiteren Ausdehnung der Colonie bezw. zur Schaffung sonstiger Wohlfahrts= einrichtungen innerhalb derselben zu verwenden.

D. Thätigkeit gemeinnütziger Vereinigungen auf theilweise kapitalistischer Grundlage.

Die Gemeinnützigkeit auf dem Gebiete des Arbeiterwohnungswesens hat eine rühmliche Geschichte hinter sich. In England bildeten sich seit Be= ginn der zwanziger Jahre gegen 3000 Baugesellschaften, mit einem Kapital, das sich auf ungezählte Millionen beläuft. London allein zählt 27 solcher Gesellschaften, welche mit einem Aufwand von 37 Millionen 7772 Wohnungen für 36400 Personen errichtet haben.

Aehnliches ist aus Frankreich zu berichten, woselbst die Gesetz= gebung von jeher die Entstehung und Blüthe von Baugesellschaften ge= fördert hat.

In Belgien und den Niederlanden bestehen in fast jeder größeren Stadt Gesellschaften dieser Art, welche bereits eine große Zahl von billigen und gesunden Wohnungen erstellt haben.

Eine hervorragende Rolle auch in dieser Form der Wohnungsfürsorge nimmt das kleine Dänemark ein. Die Actiengesellschaft für Arbeiterwoh= wohnungen auf Christianshavn, der Aerzteverein Kopenhagen, die Actien= baugesellschaft Aalborg, Baugesellschaft Helsingör u. A. werden sowohl ihrer trefflichen Organisation, als ihrer guten Erfolge wegen als Musteranstalten genannt.

Auch in Italien und der Schweiz bestehen zahlreiche, seit Jahr= zehnten erfolgreich wirksame gemeinnützige Baugesellschaften.

Nachstehend sind einige der in Deutschland bestehenden hervorragenderen

Einrichtungen dieser Art an der Hand ihrer Jahresberichte und anderer Pub=
likationen über dieselben näher besprochen:

1. Die älteste derselben ist die 1848 in Berlin gegründete „Gemein=
nützige Baugesellschaft", die für die Dividende eine Schranke von 4 %
festgesetzt hat und Miethprämien zur Förderung von Ordnung und Sparsamkeit
der Bewohner gewährt.

2. In Freiburg i. B. besteht eine Actiengesellschaft „Gemeinnützige
Baugesellschaft", welche 1872—74 auf einem von der Stadt zu mäßigem
Preise überlassenen Areal 10 Häuserreihen mit 50 zweistöckigen Häusern und
150 Wohnungen erbaute. Dieselben sind bequem, geräumig, trocken und ge=
sund. Der Miethzins beträgt

in den Eckhäusern	im I. Stock (4 Zimmer und Zugehör)		M.	26
	„ II. „ (4 „ „ „)	.	.	„ 28
	„ III. „ (Mansarde 2 Zimmer, Küche und Keller, Waschküchenantheil			„ 15
in den übrigen Häusern	im I. Stock (3 Zimmer und Zugehör)	.	.	M. 22 1/2
	„ II. „ (3 „ „ „)	.	.	„ 23
	„ III. „ (Mansarde 2 Zimmer mit Küche, Keller, Speicher und Waschküchenantheil	.		„ 13.

1885 waren die 50 Häuser von 183 Familien und 1200 Menschen bewohnt.
Kostenaufwand ca. 650 000 Mk., wovon 2/3 aus einer städtischen Kasse
zu niederem Zinsfuß geliehen. Der Miethzins wird halbmonatlich erhoben,
wer nicht zahlte, wurde ausgewiesen. Jetzt herrscht musterhafte Ordnung
und Sauberkeit. 1889 waren alle Wohnungen ohne Unterbrechung vermiethet
uund ist kein Miethverlust entstanden.

Nach Abzug der 4 pCt. Schuldzinsen, der 0,4 pCt. Amortisation und
aller sonstigen laufenden Ausgaben verblieben 1889 rund Mk. 9700, wovon
Mk. 2000 dem Reservefonds gutgeschrieben, Mk. 6909 (= 4,15 pCt.) Divi=
benden an die Actionäre vertheilt und restliche Mk. 757 auf Gewinn= und
Verlust=Reserve=Conto vorgetragen wurden.

3. Ein gleichartiges Unternehmen ist die seit Januar 1890 bestehende
„Actiengesellschaft für kleine Wohnungen" in Frankfurt
a. M. § 2 deren Statuts bezeichnet als Gegenstand ihrer Thätigkeit den
„Bau oder die Herrichtung von Häusern mit kleinen Wohnungen, sowie den
Erwerb des hiezu nöthigen Grund und Bodens und die Vermiethung der
solchergestalt geschaffenen Wohnungen an Unbemittelte zu billigen Preisen."
Die Dividende darf in keinem Falle 3 1/2 pCt. des Nennwerths der einzelnen
Actien übersteigen. Vor Ausmittelung der Dividende sind 5 pCt. des Rein=
gewinnes dem Reservefond und event. ein Betrag bis zu 5 pCt. einem Re=
paratur= und Baureservekonto zu überweisen. Das Grundkapital der Gesell=
schaft wurde auf 605 000 Mk. in 605 Actien à 1000 Mk. festgesetzt. Hiezu
stiftete alsbald nach der Constituirung einer der Gründer ein Kapital von
100 000 Mk.

Die Gesellschaft baute zunächst im Jahre 1890 auf eigenem Terrain 7 Häuser, davon deren 4 mit zusammen 64 Wohnungen zu je 2 Zimmern ohne Küche und 3 Häuser mit zusammen 24 Wohnungen zu je 2 Zimmern nebst Küche. Im Laufe der Jahre 1892/93 wurden auf einem von der Gesellschaft ebenfalls zu Eigenthum erworbenen, in einem anderen Theil des Stadtbezirks belegenen Grundstück weitere 9 Häuser mit zusammen 91 Wohnungen (32 mit und 59 ohne Küche) errichtet. Die Gesellschaft vergab die einzelnen Kategorien von Bauarbeiten in beschränkter Submission, wobei sie trotz der sorgfältig aufge= stellten Voranschläge ganz erhebliche Ersparnisse erzielte. Die technische Ueberwachung der Ausführung besorgte ein von der Gesellschaft bediensteter Bauführer.

Die monatlichen Miethzinsen sind wie folgt bemessen:

2 Zimmer ohne Küche:

Erdgeschoß	.	M 15.—.
1. Stock		„ 16.—
2. „		„ 15.—
3. „	.	„ 14.—

2 Zimmer mit Küche:

Erdgeschoß		M. 22.—
1. Stock		„ 24.—
2. „		„ 22.—
3. „	. .	„ 20.—

Sämmtliche Bauten der Gesellschaft sind vierstöckig ausgeführt, da nach der Ansicht der Gesellschaft diese Bauweise allein innerhalb der Großstädte noch die Erzielung billiger Miethzinsen ermöglichte. Daß solche großen Gebäude mit allen Anforderungen der Hygiene wohl verträglich seien, zeigen die eigenen Bauten der Gesellschaft, ebenso wie diejenigen der seit 30 Jahren bestehenden „Frankfurter Gemeinnützigen Baugesellschaft".

Im Bestande der Miether, — fast ausschließlich aus gering bezahlten Arbeitern bestehend, — sind fortdauernd nur wenige Veränderungen vorge= kommen, ein Leerstehen einer Wohnung ist bei den zahlreichen Vormerkungen gänzlich ausgeschlossen.

Im Frühjahr 1894 suchte nun die Gesellschaft, welche bei den enormen Bodenpreisen Frankfurts die Grunderwerbskosten für eine beabsichtigte weitere Ausdehnung ihres Unternehmens nicht mehr aufzubringen vermochte, dazu überzugehen, das benöthigte Gelände pachtweise zu erwerben. Nach einem mit dem Magistrat der Stadt Frankfurt vereinbarten Vertragsentwurf sollte die Stadtgemeinde der Gesellschaft ein ca. 10700 qm umfassendes Terrain im Stadtbezirk Bornheim zu einem Pachtzins von 3 pCt. aus einem ange= nommenen Werth von 50 Pfg. pro Quadratschuh = 6,17 Mk. pro Quadrat= meter überlassen.

Die Gesellschaft hätte die Verpflichtung übernommen, auf diesem Gelände nach einem genau festgestellten Plane 64 Wohnungen zu je 2 Zimmern in 4

Doppelhäusern von je 8 Wohnungen, 32 Wohnungen zu je 2 Zimmern und 1 Küche in 4 Häusern von je 8 Wohnungen, 44 Wohnungen der näm=lichen Art in 22 Häusern von je 2 Wohnungen und 14 Häuser, jedes mit 1 Wohnung von 1 Zimmer sammt Küche und 2 Kammern, also zusammen 154 Wohnungen in 44 Häusern innerhalb längstens 10 Jahren zu errichten, dieselben in Bau und Besserung zu unterhalten und durch Vermiethen nutzbar zu machen gehabt.

Der Bau der Häuser sollte auf alleinige Kosten der Gesellschaft ge=schehen, auch sollte letztere der Stadt die Selbstkosten für die Herstellung der Straßen sammt deren Be= und Entwässerung und Beleuchtung ungemindert ersetzen.

Die der Genehmigung des Magistrats bedürfenden Miethpreise waren derart zu bemessen, daß aus denselben außer den Steuern und Abgaben min=destens bestritten werden konnten:

1. der an die Stadtgemeinde zu zahlende Geländepachtzins,
2. die Verzinsung und Amortisation des Baukapitals mit 4 pCt des letzteren,
3. die Verwaltungs= und Unterhaltungskosten,
4. Ueberweisung an den Reserve= und Baufond.

Für die unter 3 und 4 erwähnten Zwecke mußten mindestens $1\frac{1}{2}$ pCt. des Baukapitals verwendet werden. Die Gesellschaft beabsichtigte eine zu $3\frac{1}{2}$ pCt. verzinsliche innerhalb 70 Jahren zu amortisirende Anleihe von 700 000 Mk. unter Zinsengarantie der Stadtgemeinde aufzunehmen. Nach Tilgung des Baukapitals und der von der Stadtgemeinde der Gesellschaft auf Grund der Zinsengarantie gewährten Vorschüsse, spätestens aber nach Ablauf von 100 Jahren sollte das Pachtverhältniß erlöschen und die Gebäude nebst dem Reservefonds entschädigungslos in das freie Eigenthum der Stadt übergehen. Auch vor Eintritt des genannten Zeitpunktes war die Stadt=gemeinde jederzeit berechtigt, das Gelände sammt den darauf befindlichen Baulichkeiten an sich zu ziehen, wenn sie die noch nicht amortisirte Bauschuld übernähme und auf den Ersatz der etwa geleisteten Vorschüsse verzichten würde.

Der bezügliche Vertragsentwurf enthielt außerdem eine Bestimmung, wonach bei Auflösung desselben auch zwei der Gesellschaft gehörige Grund=stücke auf der Bornheimer Gemarkung der Stadtgemeinde zufallen und zwar das Gelände zum Selbstkostenpreise, die darauf stehenden Baulichkeiten um den zur Zeit der Uebernahme ermittelten Schätzungswerth.

Wie ersichtlich, war bei diesem eigenartigen Unternehmen auch der Versuch mit Zwei= und Einfamilienhäusern geplant.

Im Herbst 1894 wurde der Vertrag der Stadtverordnetenversammlung zur Genehmigung unterbreitet. Hier erhob sich ungeachtet der entschiedenen Befürwortung vonseiten der Führer aller politischen Fraktionen eine erbitterte Opposition gegen das Projekt. Die Einen erblickten in demselben eine unge=rechte Bevorzugung einer Erwerbsgesellschaft, die Anderen eine schwere Be=nachtheiligung des Stadttheils, in dem die Bauten errichtet werden sollten, die Dritten gar ein gefährliches sozialistisches Experiment. Die Versammlung verwies schließlich die Vorlage an den Finanzausschuß zur materiellen Prüfung. Die letztere führte zu einer Ergänzung des Vertragsentwurfs in der Richtung, daß die Aktionäre der Gesellschaft auf Dividenden verzichteten, solange ein Guthaben der Stadtgemeinde aus der Garantieleistung bestand.

Bei den nun folgenden Berathungen der Stadtverordnetenversammlung wurde das Projekt als zu kostspielig und mit sanitären Mängeln behaftet angegriffen. Der letztgenannte Vorwurf führte dann auch zur Ablehnung des Vertrags.

Nunmehr beauftragte der Magistrat den städtischen Gesundheitsrath mit einer Nachprüfung der Pläne. Auf Grund des Gutachtens dieses Kollegiums änderte darauf die Gesellschaft das Bauprogramm in der Weise ab, daß die 64 küchenlosen Wohnungen in acht einzelstehende Häuser — statt, wie beabsichtigt, in 4 Doppelhäusern — untergebracht, daß ein Theil der zweigeschossig projektirten Häuser ein drittes Geschoß erhielt und die Einfamilienhäuser, bis auf drei, in eingeschossige Zweifamilienhäuser umgewandelt wurden.

In dieser vom Gesundheitsrath befürworteten Gestalt ging das Projekt an die Stadtverordnetenversammlung zurück, die am 2. Januar 1896 darüber berieth. Die Bauverständigen erklärten es einhellig für baulich gut, die Aerzte für hygienisch empfehlenswerth, die Finanzkommission gleich dem Magistrat für finanziell vortheilhaft.

Obgleich das Unternehmen inzwischen auch in der Oeffentlichkeit eine fast durchgängig günstige Beurtheilung erfahren hatte, obgleich neuerdings die im politischen Leben hervorragenden Persönlichkeiten aller Parteien nachdrücklich für dasselbe eintraten, wurde, Dank der rastlosen Agitation der Hausbesitzerkreise unter den ~~den~~ für die Interessen dieser Klasse sehr empfänglichen Mitgliedern der Stadtverordnetenversammlung die Vorlage aufs Neue mit einer, freilich nicht erheblichen Majorität abgelehnt.

4. Eine sehr ersprießliche Wirksamkeit entfaltet der „Verein für die Erbauung billiger Wohnungen in Leipzig-Lindenau". Dieser im Jahre 1889 von dem Verlagsbuchhändler Herm. Julius Meyer gegründete Verein bezeichnet als seine Aufgabe, einen regulirenden Einfluß auf die Wohnungsversorgung zu üben, welche zum schweren Schaden des wirthschaftlichen, gesundheitlichen und sittlichen Lebens mit der gewerblichen Entwicklung der Stadt nicht gleichen Schritt gehalten und dadurch den Bodenwucher, die wilde Bauspekulation, den Ruin der Spekulanten, Baukrisen, raschen Wechsel der Hauseigner und ebenso rasche Steigerung der Miethpreise bis zur Unerschwinglichkeit, schließlich einen Rückschlag auf die gesammte Lebensführung der Miethwohner gezeitigt habe. Der Verein erwarb Baugrund in zweckentsprechender Lage aus erster Hand zu billigem Preise und errichtete darauf in eigener Regie Wohnungen, welche sorgfältig dem normalen örtlichen Wohnbedürfnisse der kleinen und kleinsten Haushaltungen sich anpaßten, allen modernen Anforderungen der Wohnungshygiene entsprachen, und ließ unter

Verzicht auf jeglichen Unternehmergewinn alle diese Vortheile dem Bewohner im Miethzins zu gute kommen. Der letztere wird stets 15—20 pCt. unter dem gleichwertiger Wohnungen gehalten und in wöchentlichen Raten eingehoben. In der Aufnahme von Miethern, von welcher notorisch schlechter Leumund, gänzliche Erwerbsunfähigkeit und Anheimfall an die Armenpflege ausschließt, werden die niedrigsten Erwerbsklassen bevorzugt, also die von der Hand in den Mund lebenden, den Wechselfällen des Arbeitsmarktes an hilflosesten preisgegebenen Existenzen, welche gerade des Wohnschutzes am meisten bedürfen.

Anfangs 1894 verfügte der Verein über 35 Wohnhäuser mit zusammen 353 Wohnungen 1206 Wohnräumen und 6 Läden, wozu im Laufe des Frühjahrs 1895 4 weitere Häuser mit 47 Familienwohnungen traten. Jede Wohnung umfaßt eine zweifenstrige Stube, eine einfenstrige Kammer und eine Küche mit Vorraum im Gesammtflächenmaße von 38 qm, und beträgt der jährliche Miethzins im Durchschnitt 145 Mark. Der nach Abzug der Kapital-zinsen zu 3 pCt. von den — bei einem Gesammtwerth des Unternehmens von 1¼ Millionen nur ca 15 000 M. betragenden — Verwaltungs- und Unterhaltungskosten und von den öffentlichen Abgaben verbleibende Ueberschuß findet zur Schaffung gemeinsamer Wohlfahrtseinrichtungen Verwendung. An solchen sind bereits vorhanden: ein Wasch- und Badehaus, eine Kinderbe-wahranstalt, Knaben- und Mädchenhort, Konsumverein, freie Krankenpflege, Volksküche, Leihbibliothek ꝛc.

5. Oft erwähnt wird dank seiner vorzüglichen Organisation auch der „Gemeinnützige Bauverein" zu Dresden. Das eben genannte Unternehmen, welches neben dem Ziele, zweckmäßige und preiswürdige Woh-nungen für kleine Beamte, Handwerker und Arbeiter zur Verfügung zu stellen, auch den Aktionären eine angemessene Verzinsung sichern wollte und konnte, war vom Rath der Stadt Dresden sowohl wie von der Stadtverordneten-Versammlung mit ihren Gesuchen um Subvention in beliebiger Form (Ueber-nahme von Aktien, Darlehen gegen mäßigen Zinsfuß) wiederholt abgewiesen worden. Trotzdem und trotz der um 15 pCt. unter der sonst üblichen Höhe stehenden Miethzinsen erzielt der Verein eine Verzinsung von 5½ pCt, wo-raus 4 pCt. Dividenden vertheilt, die restlichen 1½ pCt. dem Reservefonds zugeschrieben werden.

6. Auch die Verbesserung bestehender geringwerthiger Gebäude inmitten der Städte, nach dem Beispiele der Miß Hill, ist in den Kreis der gesell-schaftlichen Thätigkeit gezogen worden.

In Deutschland hat sich zuerst in Darmstadt ein gemeinnütziger Verein gebildet, der alte schlechte Miethshäuser kauft und die darin befind-lichen Räume in gesunde, menschenwürdige Wohnungen umbaut. Mit den Miethern der verbesserten Wohnungen tritt dann der Verein in dauernde Beziehungen.

Ein „Helfer" aus den besseren Ständen (auch Damen) nimmt den wöchentlich zahlbaren Miethzins in Empfang, bespricht mit dem Miether dessen

Verhältnisse, sucht ihm event. lohnenden Erwerb zu verschaffen, unterstützt ihn bei der Erziehung und Unterbringung der Kinder 2c.

7. In ähnlicher, wenn auch großartigerer und mehr geschäftsmäßiger Weise wirkt die Berliner Aktiengesellschaft „Verein zur Verbesse= rung der kleinen Wohnungen in Berlin". Doch ist auch vonseiten dieses Vereins neuerdings die Forderung erhoben worden, daß die Gemeindebehörde durch Geländabtretung zu billigem Preise, Beschaffung von Baugeldern zu mäßigem Zinsfuß, Herstellung von Straßen 2c. die Bestrebungen, welche auf Beschaffung kleiner und billiger Wohnungen gerichtet sind, nach Kräften unterstütze.

8. Nach anderen als den bisher geschilderten Grundsätzen wirthschaftet der „Gemeinnützige Bauverein" zu Remscheid, der aber damit, wie einem Aufsatz im „Arbeiterfreund" 1890 III. Heft entnommen werden kann, dem dortigen lokalen Bedürfnisse am vollkommensten Rechnung trägt. Der Verein ist eine Schöpfung des „bergischen Vereins für Gemeinwohl", dessen Mitgliedschaft verpflichtet entweder:

a) zu einem jährlichen Beitrag von 10 Mk. und zu einem einmaligen unkündbaren Darlehen von 1000 M., letzteres wird mit 3 pCt. verzinst und mit 1 pCt. nebst den ersparten Zinsen zurückgezahlt; oder

b) zu einem Jahresbeitrag von 10 M. und einem einmaligen Geschenk von 500 M.

Es werden nur Häuser gebaut, welche von den Miethern auch erworben werden können; der Bau erfolgt in eigener Regie.

Von den 1890 vorhandenen 27 Häusern sind:

8 vermiethet,

13 mit 10 pCt. Anzahlung auf Erwerb vermiethet,

3 mit ⅓ Anzahlung alsbald übernommen,

3 direkt gekauft und ganz bezahlt,

letztere 6 also von Arbeitern mit Hilfe von Geldvorschüssen ihrer Arbeitgeber käuflich erworben.

Außer 3 im Anfang gebauten Doppelhäusern sind bezw. werden nur Einzelhäuser erstellt.

Als Miethe werden 6 pCt. des Hauswerthes, für Miethe mit Erwerb (10 pCt. des Hauswerths Anzahlung) 7 pCt., wovon 2 pCt. gutgeschrieben werden, erhoben. Erreichen Anzahlung und Gutschriften, letztere mit 3 pCt. verzinst, ⅓ des Hauswerths, so findet die Besitzübertragung statt. Von da ab zahlt der Erwerber 5 pCt., wovon 2 pCt. gutgeschrieben werden.

Der Kaufwerth beträgt:

für das halbe Doppelhaus . . . . 5000 Mk.

„ „ einfache Haus mit Schmiede . 6600 „

„ „ „ „ ohne „ . 6000 „

Baufläche 7,5×8,1 m und 3,50 Ar Garten. — Steinfachwerk mit Schiefer=

bekleidung. Die Häuser sind zu je drei zusammengebaut, jedes verschieden groß, um den Eindruck des Schablonenhaften zu vermeiden.

9. Die „Mülhausener Gesellschaft für Arbeiterkolonien", (cité ouvrière) wurde im Jahre 1853 von dem Großindustriellen Jean Dollfus und 11 anderen Fabrikbesitzern des Elsäßer Industriecentrums mit einem Kapital von 300 000 Frcs. als Actiengesellschaft gegründet. Kaiser Napoleon III. schoß die gleiche Summe zu. Die Gesellschaft baute im folgen=den Jahre 100, bis 1870 892 und bis 1884 1040 Häuser im Cottagesystem mit einem Gesammtaufwand von rund 4½ Millionen Francs. Die Colonie ist z. Zt. von ca. 7500 Menschen bewohnt. Jedes Haus, theils einzeln in einem Gärtchen, theils in Reihen mit Vor= und Hintergarten stehend, ist für das Wohnungsbedürfniß einer Familie und zum Verkauf an Arbeiter unter günstigen Zahlungsbedingungen bestimmt. Der Kaufpreis betrug 2000 — 3000 Fr., wovon 250—300 Fr. anzuzahlen und ca. 8 pCt. jährlich zu leisten waren. (4 pCt. zur Dividende, 1½ pCt zur Deckung für Einnahmeausfälle, Steuern, Verwaltung ꝛc., 2½ pCt. für Amortisation. Die Tilgung der Kauf=schuld erfolgt so in 13—16 Jahren. Jedes Haus enthält in der Regel 2 Zimmer, Küche, Kammer, Keller und Bodenraum ꝛc.

Obgleich die Gesellschaft grundsätzlich nur an Arbeiter verkaufte, auch sich gewisse Rechte bezüglich des Untervermiethens, des Umbaues ꝛc. vorbe=hielt, ebenso während der ersten 10 Jahren das Vorkaufsrecht zum Einstands=preise, soll sich kein einziges der Häuser mehr in den Händen des ursprüng=lichen Besitzers, nur ein geringer Bruchtheil überhaupt noch im Besitze von Arbeitern befinden. Da zudem viele Wohnungen durch Weitervermiethung überfüllt, manche einem echten Wohnungswucher verfallen und alle in einem etwas verwahrlosten Zustand sein sollen, ist das wohlthätige Unternehmen seinem ursprünglichen Zwecke vollständig entfremdet worden.

10. Nach ganz gleichem System — des Baues zum Erwerb durch die Arbeiter — aber mit besserem moralischen Erfolge, arbeitet die „Actien=Bau=gesellschaft" zu München=Gladbach (1888 339 Häuser, davon 261 verkauft, 78 monatlich kündbar) vermiethet. Durchschnittspreis des Hauses 3950 M.; Dividende 5 pCt. Actienkapital 330 000 M. und 307 100 M. Hypothekenschulden. — 158 Häuser ganz abgezahlt.)

11. Dieselben Verwaltungsgrundsätze sind auch für die „Baugesell=schaft Barmen" maßgebend. (Actienkapital 616 200 M.) 157 Häuser zu 634 000 M., davon 26 verkauft für 111 500 M., 2½—3½ pCt. Dividenden, namentlich infolge großer Geländehindernisse. Bauwerth jedes Hauses mit 30 qm Garten (incl. Baugelände) 3459—4300 M. Die Stadtgemeinde ist an der Gesellschaft mit einem Kapital von 100 000 M. betheiligt.

12. Als das Vollkommenste, was die neueste Zeit auf dem Gebiete der gemeinnützigen Wohnungsfürsorge leistete, ist die Schöpfung der Arbeiter=Villenkolonie Ostheim bei Stuttgart anzusehen. In Stuttgart wird die Aufgabe, für die unteren Bevölkerungsklassen gute und billige Wohnungen

zu schaffen, schon seit vielen Jahren gepflegt. Der im Jahre 1860 gegründete „Wohnungsverein" errichtete seitdem 11 Gebäude mit 40 Wohnungen von 2 und 79 solcher von 3 Zimmern.

Das Betriebskapital des Vereins ist durch 3½ und 4procentige Antheils= scheine aufgebracht.

Die „gemeinnützige Baugesellschaft" wurde im Jahre 1872 als Aktiengesellschaft gegründet mit einem Kapital von 565 000 M. Dieselbe verwaltet jetzt die ihr gehörigen 31 meist 4stöckigen Häuser, in welchen 188 Wohnungen sich befinden. In den letzteren sind im Ganzen 244 Familien untergebracht, so daß also 56 Wohnungen 2 Familien aufgenommen haben.

Ungeachtet der Thätigkeit dieser beiden Vereinigungen traten neuerdings auch in Stuttgart schwere Uebelstände hinsichtlich der Wohnungsverhältnisse der weniger Bemittelten zu Tage, und diesen wirksam entgegengetreten zu sein, damit aber zugleich einen nicht hoch genug zu schätzenden Beitrag zur Lösung der Wohnungsfrage überhaupt geliefert zu haben, ist das Verdienst des Stuttgarter „Vereins für das Wohl der arbeitenden Klassen", einer seit dem Jahre 1865 bestehenden Gesellschaft von Menschenfreunden. Eine im Sommer 1896 erschienene Publikation des Geheimen Hofraths Eduard Pfeiffer in Stuttgart gibt in umfassender, lichtvoller und überzeugender Weise eine Darstellung über das Vorgehen und die Ziele des Vereins. Wie eine von dem letzteren vor einigen Jahren veranstaltete Enquete nachwies, fehlte es in Stuttgart nicht sowohl an kleineren Wohnungen in neuerbauten, luftigen Quartieren an der Peripherie der Stadt, als innerhalb dieser Wohnungen an dem für die ein= zelnen Personen im Interesse der Gesundheit und Sittlichkeit unbedingt er= forderlichen Raum, weil öfters Wohnungen, die für eine Familie berechnet waren, deren zwei und mehrere beherbergten, und weil die Arbeiterbevölkerung, theils durch die hohen Miethpreise veranlaßt, theils aus langjähriger Ange= wohnheit, in die kaum ihrem eigenen Bedürfnisse genügende Wohnung After= miether und Schlafgänger aufgenommen hatte. Durch das Ergebniß der Er= hebungen von der Nothwendigkeit einer Verbesserung der Wohnverhältnisse überzeugt, erörterte der Verein zunächst die verschiedenen hiefür sich bietenden Möglichkeiten. Von den drei nach den lokalen Verhältnissen am meisten gang= baren Wegen:

a. Errichtung kleiner, für ein bis zwei Familien bestimmter, mit einem Gärtchen ausgestatteter Häuser in der Nähe der Stadt und Er= leichterung des Erwerbs derselben im Wege allmähliger Abzahlung des Kaufpreises;

b. Ankauf und Umbau älterer Häuser innerhalb der Stadt, in welchen besonders ungünstige Wohnungsverhältnisse vorliegen;

c. Erbauung größerer, zu kleinen Wohnungen zweckmäßig eingerichteter Häuser in der Stadt

wählte der Verein den ersterwähnten, im Gegensatz zu den beiden anderen Ge= sellschaften.

Der Verein erwarb drei, an der östlichen, südwestlichen und nordwest=
lichen Gemarkungsgrenze von Stuttgart gelegene, zum Theil auf die Nachbar=
gemarkungen übergreifende Güterkomplexe von im Ganzen 18 ha 45 a.
Während das Grundstück im Südwesten von dem königl. Domänenfiskus unter
günstigen Preis= und Zahlungsbedingungen erworben werden konnte, machte
der Ankauf des Geländes im Osten und Nordwesten, wo es sich um 142 Be=
sitzer handelte, fast endlose Schwierigkeiten.

Das, 878 a umfassende, östlich gelegene und deshalb vom Verein
„Ostheim" genannte Terrain wurde in erster Linie zur Bebauung bestimmt.
Alsbald erfolgte die Planlegung desselben durch die städtischen Behörden und
sodann die Ausschreibung eines Wettbewerbs durch den Verein behufs Er=
langung von Bauentwürfen.

Die erforderlichen Geldmittel wurden beschafft durch Aufnahme von
Anlehen bei Gönnern des Vereins gegen einfachen Schuldschein und 3 pCt. bezw.
$3^1/_2$procentige Verzinsung im Betrage von 465 000 M. und bezw. 1 000 000 M.,
ferner eines solchen bei der württembergischen Invaliditäts= und Altersver=
sicherungsanstalt von 600 000 M. gegen $3^1/_2$proc. Verzinsung und hypo=
thekarische Sicherheit durch Verpfändung einzelner vom Verein erstellten Häuser
und endlich eines $3^7/_8$proc. Anlehens bei der Stuttgarter Sparkasse von
214 000 M. Mit Einschluß der von den Bewerbern um Häuser nach und
nach geleisteten Einlagen von bisher 150 000 M., welche der Verein zu
$3^1/_2$ pCt. verzinst, hat der Verein bis Sommer 1896 2 600 000 M. auf=
gewendet.

Ostheim ist von sechs Straßen durchzogen, von welchen vier, ebenso wie
die, die Kolonie einsäumenden Straßen und die Verbindungsstraßen nach der
Stadt von der Gemarkungsgemeinde Stuttgart gebaut wurden.

Im Oktober 1891 wurden die Bauarbeiten für das erste Haus in
Ostheim begonnen, im Juli 1892 waren 45 Häuser zum Bezug fertiggestellt.
Für 32 derselben waren schon vor Aufnahme der Bauarbeiten Kaufliebhaber
angemeldet, während der Verein die weiteren 13 Häuser sich zu Eigenthum
vorbehalten wollte. Längst vor dem Einzugstermin war auch in diesen kein
Zimmer mehr frei und zahlreiche Miether für die später zu erstellenden Häuse
vorgemerkt. 1892 wurde die zweite 57 Häuser umfassende Serie, 1893/94
die dritte Serie mit 64 Gebäuden und 1895 die vierte mit 57 Häusern er=
stellt, so daß 1896 die Kolonie Ostheim an zehn Straßen 228 Häuser mit
702 Wohnungen und — Dank der raschen Besiedelung der Neubauten — fast
4000 Seelen zählte. Fast alle für Wohngebäude einfacherer Ausstattung
denkbaren Typen sind vertreten. Die Zahl der Räume beträgt 2 und 3 Zimmer
nebst Küche. Vorherrschend sind zweistöckige mit Mansardenaufbau versehene
Doppelhäuser; doch sind auch zahlreiche Einfamilienhäuser vorhanden. Die
drei je dreigeschossige Gebäude umfassenden Häusergruppen sind von vorn=
herein nicht zum Verkauf bestimmt, sondern sollen durch den Verein an Solche
vermiethet werden, welche zum Erwerb eines eigenen Hauses nicht in der

Lage sind. Die Baukosten einschließlich des Grunderwerbs schwanken in der ersten Bauserie zwischen 8900 und 9700 M. für ein Doppelhaus mit 2 Zimmer=Wohnungen, 10400 M. und 11300 M. für ein solches mit 3 Zimmer=Wohnungen. In den folgenden Bauserien kamen beide Gruppen um 500—600 bezw. 700—800 M. höher zu stehen. Das alleinstehende Haus kostete anfänglich 5300—5700 M. mit 2 Zimmer=Wohnungen, 6000—6500 M. mit 3 Zimmer=Wohnungen, später ebenfalls 400—500 M. mehr. Der Preis der verkauften Häuser beträgt genau die Selbstkosten des Vereins für den Bau derselben, ohne Zuschlag eines Verwaltungskostenantheils oder eines sonstigen Gewinns zu Gunsten der Vereinskasse. Auch bei der Bemessung der Miethzinsen in den vereinseigenen Häusern bleiben die Verwaltungskosten außer Betracht. Hier wird dem zur Verzinsung des Baukostenaufwandes er=forderlichen Betrag noch ca. $1^1/_2$ pCt. für Abschreibungen, Reserven, Repa=raturen und öffentliche Abgaben beigeschlagen. Die Miethssätze betragen demnach auf das Jahr mit Einschluß der Wasserzinsen:

a. für eine Wohnung von 3 Zimmern, mit Vorplatz, Küche, Abort, Kellerraum, Brennmaterialienplatz und Speicherkammer M. 252—312

b. für eine Wohnung von 2 Zimmern mit gleichem Zubehör . . . . „ 204—252

c. für eine solche von 2 Zimmern, 1 Kammer und Zu=behör . . . . „ 228—252

e. für Dachwohnungen von 2 Zimmern und Zugehörden „ 128—180

f. für ein Mansardenzimmer nebst Küche, Keller, Holz=lagerplatz . . . . „ 90

Demgegenüber kosten sonstige Miethwohnungen, selbst in den Außen=bezirken Stuttgarts und in den obersten Stockwerken 425—500 M. für 3 Zimmer= und 300—350 M. für 2 Zimmer=Wohnungen.

Fast alle Berufsarten sind in Ostheim vertreten. Unter den 537 Miethern des Vereins befinden sich:

420 Angehörige des Arbeiterstandes,

35 Staats= und Gemeindebedienstete,

50 öffentliche und Privatbeamte, Aerzte, Geistliche und Schriftsteller,

32 Kaufleute, Wirthe, Geschäftsinhaber 2c.

Das Vorhandensein all der verschiedenen für die Bedürfnisse der Be=völkerung erforderlichen Einrichtungen gibt Ostheim das Gepräge eines in sich abgeschlossenen Wohnbezirkes.

Die Leistungen der Stadtgemeinde Stuttgart für die Kolonie Ostheim bestanden lediglich in der Erstellung und Unterhaltung der Straßen, welche aber bei der großen Breite derselben (von 15,20, zum Theil sogar 28 m) und der betonirten Gehwege (von 3 m) immerhin eine sehr namhafte Summe repräsentiren dürften.

Zur Zeit ist bereits das zweite Unternehmen des Vereins, die Colonie „Nordheim" in der Ausführung begriffen.

13. Minder erfreulich lauten die Berichte über die Erfolge der im Jahre 1890 mit einem Aktienkapital von 90 000 M. ins Leben gerufenen „Gemein= nützigen Baugesellschaft" zu Hanau. Die Gesellschaft erstellte 3 Häuser mit 10 Wohnungen von Stube, Küche und Bodenkammer (Miethzins 130—143 M.), 2 Stuben, Küche und Kammer (Miethpreis 182—200 M.) und 3 Stuben, Bodenkammer und Speisekammer, Vorplatz und gemeinsamer Waschküche (Preis 260 M.). Alle Wohnungen haben verschließbare Keller= räume, abgetheilte Bleichplätze und Gartenland. Die Miethe wird wöchent= lich durch einen von der Gesellschaaft beauftragten Bewohner erhoben.

Obwohl die Häuser unmittelbar vor dem Nordausgange der Stadt an einer fertig gestellten mit Kanal und Wasserleitung versehenen Straße liegen, ist die Nachfrage nach den Wohnungen äußerst gering und das Leerstehen von solchen in allen Preislagen keine seltene Erscheinung. Die Gesellschaft hat daraus die Ueberzeugung gewonnen, daß in Hanau zu einer gemeinnützigen Bauthätigkeit kein Bedürfniß bestehe und deshalb beschlossen, dieselbe, für welche bisher ein Kapital von rund 35 000 M. aufgewendet wurde, nicht weiter auszudehnen. Die Dividende betrug 1891 2½, 1892 3, 1893 2½ %.

14. Schließlich ist noch die Aktiengesellschaft „Gemeinnützige Bau= gesellschaft" in Hamburg, mit einem Kapital von 300 000 M. zu er= wähnen.

Dieselbe beschränkte sich auf einen Gewinn von höchstens 4 pCt., erstellte kleine Wohnhäuser (192 an der Zahl) und überließ sie den Miethern bei möglichst geringen Anzahlungspreisen in Kaufmiethe.

Jedes dieser Einfamilienhäuser kam incl. 300 Meter Terrain auf 3000 Mark zu stehen. Der bezügliche Vertrag sichert u. A., daß die Häuser nicht zu Gastwirthschaften verwendet oder durch Uebergang in die Hand der Speku= lation ihrem Zweck nicht entfremdet werden können.

E. Die rein oder wenigstens vorwiegend kapitalistische Thätigkeit.

Zu allen Zeiten wurde das Wohnungsbedürfniß der Menschen in erster Linie durch die auf Gewinn berechnete Erstellung und Vermiethung von Wohn= räumen durch Kapitalisten, Bauunternehmer und Hausbesitzer befriedigt. Würde die private Spekulation sich in ausreichendem Maße diesem Erwerbszweige zuwenden, so würde wenigstens von einer quantitativen Wohnungsnoth kaum die Rede sein können.

Um das private Kapital zu einer regeren Ausnützung dieser Erwerbs= gelegenheit anzuspornen, ist gerade in jüngster Zeit in den größeren Städten Vieles geschehen, was den Fortschritt auf auf diesem Gebiet zu fördern be= stimmt und geeignet war.

Hiezu gehört u. A. die dem Bedürfniß vorauseilende Planlegung neuer Stadtgebiete, in welchem dem Bau gesunder Kleinwohnungen noch nicht durch hoch geschraubte Geländepreise Schwierigkeiten bereitet werden, die Erschließung derselben durch Straßen= und Kanalisationsanlagen, durch Herstellung der Wasserversorgungs= und Beleuchtungseinrichtungen, die Milderung der bau=polizeichen Anforderungen u. a.

Von nicht zu unterschätzender Bedeutung ist auch die vielfach erfolgte Veröffentlichung und Verallgemeinerung musterhafter Bauentwürfe und Or=ganisationspläne, noch wichtiger die zum Nachweise der Ausführbarkeit unter=nommenen praktischen Versuche.

Eines solchen ist in dieser Schrift bereits (S. 50, 60) Erwähnung ge=schehen: Fabrikant C. ten Brink (Arlen) baute in Ergatshausen bei Konstanz 16 Arbeiter=Einzelhäuser nach dem Muster der bei seinem Etablissement in Arlen bestehenden vorzugsweise zu dem Zwecke, um zu zeigen, daß unter normalen Verhältnissen die Baukosten für eine aus 4 Zimmern und Küche bestehende Wohnung auf 2500—3000 sich beschränken, daß deshalb fast jedem Arbeiter der Eigenerwerb eines Hauses ermöglicht werden könne, und daß solche Häuser, falls man die Vermiethung vorziehe, eine gute Kapitalanlage ergeben würden.

Die Häuser wurden in den Jahren 1892/93 erstellt und theilweise im Herbst 1893, der Rest im Januar 1894 erworben und bezogen. Die Bau=kosten bestanden aus:

Geländekauf . .	Mk.	2 424.—
Erdarbeiten mit Planirung	„	946.—
Maurerarbeiten .	„	14 421.97
Steinhauerarbeiten . . .	„	391.19
Verputzarbeiten (Decken, Wände ꝛc.)	„	4 160.92
Zimmer= und Schreinerarbeiten . .	„	15 534.08
Schmied=, Schlosser= und Blechnerarbeiten	„	1 100.19
Glaserarbeiten sammt Vorfenster	„	3 165.60
Malerarbeiten	„	360.23
Oefen	„	1 639.20
Aborteinrichtungen (Schacht, Deckel ꝛc.) .	„	627.68
Vorarbeiten, Accise, Sporteln, Baukontrole	„	219.16
Verschiedenes	„	277.30
Summa .	Mk.	45 267.52

oder pro Wohnung 2 829.22 Mk. Hiezu kommt noch die vom Käufer zu beschaffende Einfriedigung der Gärtchen. Die Wasserleitung im Innern der Häuser ist Eigenthum der Stadt, welche hierfür von den Hausbewohnern 5 Mk. pro Haus und Jahr erhebt. Jede Wohnung besteht aus: 1 Vor=plätzchen, 1 Küche, 1 Wohnzimmer im unteren Stock und 3 kleinen Schlaf=zimmern nebst Abort im II. Stock. Unter dem Dache ist ein Speicher für Holzvorräthe ꝛc. Unter der Küche und dem Treppenraum befindet sich ein kleiner Balkenkeller ohne festen Fußbodenbelag, das Wohnzimmer ist nicht unterkellert. Die Grundfläche der Wohnungen ist 30 qm im Erdgeschoß, 31,8 qm im II. Stock, somit zusammen 61,8 qm; davon entfallen auf die Zimmer 42,1 qm, die Küche 9,6 und das Treppenhaus nebst Abort 10,1 qm. Die Stockhöhe im Lichten beträgt 2,45 m, der Rauminhalt der Zimmer 101,9, der Küche 23,1 und des Treppenhauses mit Abort 25,1, zusammen 150,1 cbm. Die in Folge des kiesigen Untergrundes auf das geringstmöglich. Maß beschränkten Fundamente sind aus Rohrschacher Sandsteinmauerwerk, die Sockel in Portland=Cement, das Mauerwerk aus Backsteinen ausgeführt. Die Dicke der Mauer des unteren Stockes ist 30 cm, einschließlich des beider= seitigen Verputzes mit hydraulischem Kalk ca 35 cm; jener des oberen Stockes 24 bezw. 29 cm. Zu jedem Haus gehört ein Gärtchen von durchschnittlich 100 qm. Für das Wohnzimmer ist ein Kachelofen, für alle Fenster sind Vorfenster mit geliefert. Die Aborte haben glasirte Schüsseln und eiserne Fallrohre. Der Verkaufspreis der gegen Süden und gegen die Hauptstraße gelegenen Häuschen mit 125 qm Gartenfläche wurde zu 2600 Mk., der= jenige der Häuschen an der Nord= und Westseite mit 73 bezw. 80 qm Garten zu 2250 und 2300 Mk. und jener der an den Straßenecken ge= legenen Hausgrundstücke mit 130 qm Gartenfläche zu 2800 Mk. angesetzt. Die Differenz zwischen diesen Kaufsummen und dem Selbstkostenpreis, gleichwie die in letzterem nicht in begriffenen Kosten für Projektirung und Leitung der Bauten behielt ten Brink auf sich.

Der Käufer hatte eine Anzahlung von 150—500 Mk. und weiterhin allmonatlich 12—15 Mk. Zins= und Amortisationsquote zu leisten, so daß das Häuschen in 16—18 Jahren schuldenfreies Eigenthum des Käufers wird. Aus den Verkaufsbedingungen ist hervorzuheben:

1. Käufer ist zum guten baulichen Unterhalt des Hauses verpflichtet.
2. Bauveränderungen, Anbauten, Aftermiethe sind nur mit Zustimmung des Verkäufers zulässig, Verpfändung des Anwesens und Betrieb einer Wirthschaft, Werkstätte oder eines Ladens in demselben ist ver= boten.
3. Vor Ablauf von 10 Jahren ist eine völlige Abtragung des Kauf= schillings nicht gestattet, im Falle einer Veräußerung des Hauses hat der Verkäufer das Vorkaufsrecht.
4. Der Kaufvertrag tritt erst in Kraft, nachdem der Käufer das Haus sechs Monate miethweise bewohnt hat. Wünscht er dann den Vertrag nicht aufrecht zu erhalten, so hat er die Wohnung sofort zu räumen und einen Miethzins von 80 Mk. zu entrichten.

Das ten Brinksche Unternehmen fand in weiten Kreisen beifällige Auf= nahme, freilich auch von verschiedenen Seiten herbe Kritik. Stimmen der ersten Art sind bereits oben zur Geltung gekommen. Eine sehr abfällige Beurtheilung erfuhren die fraglichen Bauten in dem vor Kurzem veröffentlichen Vortrag des Stadtraths Karlsruhe an den Bürgerausschuß, betreffend die Erstellung

7*

von Miethwohnhäusern für städtische Arbeiter. Nach dem Augenschein des Karlsruher Stadtbaumeisters seien die ten Brink'schen Häuser in Konstanz derart mangelhaft konstruirt, daß nach kurzer Zeit eine Menge bedeutender Reparaturen nothwendig geworden seien. Im unteren Stockwerk zweier Häuschen sei der Schwamm ausgebrochen, so daß infolge dessen das Küchengebälk und sämmtliche Fußböden des Stockwerks vollständig ruinirt sei und die Treppen mit ihren Holzumwandungen einer umfassenden Ausbesserung hätten unterzogen werden müssen. Durch die dünnen Mauern des oberen Stockwerks bringe an der Wetterseite die Feuchtigkeit so bedeutend ein, daß Tapeten und Anstrich zerstört würden. Da die Balkensache keine Zwischendecke hätten, und die Trennungswände der unter Dache vereinigten Wohnhäuschen im II. Stock nur ¹⁄₂ Stein (12 cm) stark angelegt seien, mache sich jedes geringste Geräusch, welches in einem der Häuser entstehe, in allen übrigen Wohnungen störend vernehmbar. Die Umfassungswände der Zimmer und Küche beständen lediglich aus Bretterverschlag, so daß bei einem Brandfall höchstwahrscheinlich sofort der ganze Innerbau des Hauses in Flammen gerathen werde. Endlich seien die Dimensionen der einzelnen Räume derart gering, daß z. B. in den Schlafzimmern außer den Betten für ein weiteres Möbelstück kaum Platz zu finden sei. Die erwähnte Besprechung kommt demnach zu dem Schlusse, daß der Versuch, Arbeiterhäuser zu so billigem Preise zu erstellen, als mißlungen zu betrachten sei.

„Abgesehen davon, daß diese Wohnungen dem Arbeiter kaum das Behagen gewähren, das er beanspruchen darf, sind sie trotz ihrer niedrigen Herstellungskosten wegen der fortwährend erforderlichen Reparaturen doch zu theuer."

Eine allseits wohlwollende Beurtheilung hat das in Heft XI der Schriften des „Deutschen Vereins für Armenpflege und Wohlthätigkeit" (1890) ausführlich dargestellte, auch von Seiner Majestät dem Kaiser Wilhelm II. gebilligte Projekt des Berliner Amtsrichters Dr. Aschrott über die „Errichtung und Verwaltung großer Arbeiter-Mieths-Häuser in Berlin" gefunden.

Die Idee Dr. Aschrotts beruht auf der Annahme, daß alle gemeinnützigen Bestrebungen in der Wohnungsfrage die letztere nicht in befriedigender Weise zu lösen vermögen, daß daher das Privatkapital in weit höherem Maße, als bisher geschehen, sich derartigen Unternehmungen zuwenden müsse. Eine Beseitigung der für die niederen Volksklassen bestehenden Wohnungsmißstände sei nur dann zu erhoffen, wenn der überzeugende Nachweis geliefert würde, daß derartige Miethshäuser ein rentables Unternehmen bilden und wenn auf Grund dieser Ueberzeugung eine genügende Zahl solcher Arbeitshäuser entstehen würde. Um zu diesem Ziele zu gelangen, müsse die Sache im wesentlichen vom geschäftlichen Standpunkt aus betrachtet und nicht mit eigentlichen Wohlfahrtsbestrebungen verquickt werden.

Aschrott wählte nach dem Beispiele der Peabody-Stiftung die bei den großstädtischen hohen Bodenpreisen allein zulässige Form der sog. Miethskaserne, dabei nicht verkennend, daß solche keineswegs dem Wohnungsideal entspreche. Uebrigens könne den vom Zusammenwohnen einer großen Zahl von Leuten in einer Miethskaserne befürchteten Mißständen durch geeignete bauliche Ein= richtungen und eine strenge Hausordnung entgegengewirkt werden.

Der Vorschlag Aschrotts liefert den Nachweis, daß der Bau von Arbeiter= Miethshäusern eine finanziell gute und vor allem sichere Kapitalanlage bietet, ja daß die Actien der Arbeiter-Wohnungsgesellschaft ein absolut sicheres, eine Dividende von 4 pCt. abwerfendes Anlagepapier wären, welches auch Interesse für das Privatkapital böte.

Dagegen solle nach den Vorschlägen Aschrotts das Unternehmen kein speculatives sein, und daraus rechtfertige sich die Beschränkung auf 4 pCt. Dividende: ein Act der Wohlthätigkeit sei absolut hierin nicht zu erblicken.

Aschrott will den Leuten nicht billigere, sondern für die bisher bezahlten Miethpreise bessere Wohnungen liefern; das Unternehmen solle also in dieser Hinsicht eine erzieherische Tendenz haben; es solle gewisse für wünschenswerth erachtete Ansprüche in den Leuten erst wachrufen, um sie durch deren Be= friedigung auf eine höhere Kulturstufe zu heben.

Von den bestehenden Vereinigungen, welche sich die Wohnungsbeschaffung zum Ziele gesetzt haben, infolge der statutengemäßen Beschränkung auf einen 3—4 prozentigen Dividendengewinn aber zu den gemeinnützigen Unter= nehmungen gezählt werden, sind in unserer Zeit des sinkenden Zinsfußes, in welcher 3 prozentige Anlagen in Grundstücken als vollwerthig angesehen werden dürfen, die meisten hierher zu zählen; doch mag ein Hinweis auf die Seite 94—105 enthaltenen Darlegungen genügen.

Einzelne derjenigen Gesellschaften, die den Eigenerwerb von Häusern durch die minder bemittelten Klassen pflegen, haben diesen Erwerb mit der Lebensversicherung in Verbindung gebracht. Ein Vorbild hiefür gewährte das belgische Gesetz vom 9. August 1889, mittelst dessen die allgemeine Spar= und Altersrentenklasse ermächtigt wurde, Verträge auf gemischte Lebensver= sicherung abzuschließen, welche den Zweck haben, für einen bestimmten Verfall= termin oder beim Tode des Versicherten, wenn derselbe vor jenem Termine eintritt, die Rückzahlung der für Erbauung oder Ankauf einer Wohnung zu= gestandenen Darlehen zu sichern.

Die Geschäftsgrundsätze der 1891 gegründeten „Deutschen Volksbau= gesellschaft" zu Berlin basiren auf jenem System und es sei deshalb Näheres darüber mitgetheilt.

Die Gesellschaft läßt sich an denjenigen Orten, welche sie für ihre Thätigkeit in Aussicht genommen hat, von den Besitzern geeigneter Grundstücke Baugelände auf mehrere Jahre fest an die Hand geben, die Parzellirungspläne endgültig ausarbeiten, solche genehmigen, das Terrain vermessen. Sodann wirbt dieselbe Anwärter für die zu erstellenden Bauten. Erst dann, wenn solche in hinreichender Anzahl vertragsmäßig verpflichtet sind, erwirbt sie das Gelände zu Eigenthum, dessen Kaufpreis sie nach geschehenem Grundbuchs=

eintrag baar zahlt, oder landesüblich verzinst. Es werden darauf die Häuser nach den von den einzelnen Anwärtern gewählten Normalprojekten (deren ca. 40 vorhanden seien) und soweit thunlich nach besonderen Wünschen der Besteller errichtet. Die Ausführung der Bauten wird einem zuverlässigen Unternehmer nach dem von ihm gelieferten, im Bureau der Gesellschaft revidirten und endgültig festgesetzten Kostenanschlage übergeben. Die Preise, welche die Gesellschaft den Erwerbern berechnet, setzen sich zusammen aus dem Submissionspreis und einem Gewinn= und Verwaltungsaufschlag von 5 pCt. der Erwerbssumme.

Die vertragsmäßige Verpflichtung der Anwärter kann eine verschieden= artige sein:

1. Der Erwerber wird mit dem vollen Erwerbspreise seines Besitzthums bei einer Lebensversicherungsgesellschaft auf Todes= oder Altersfall — zumeist bis zum 60. Lebensjahre — zu Gunsten der Gesellschaft versichert. Er tritt sodann alsbald in den Besitz des Hauses, während er bezw. seine Erben das Eigenthum an demselben erst dann erlangen, wenn die Versicherungssumme im Zeitpunkt des vorgesehenen Alters oder beim früheren Ableben des Erwerbers an die Baugesellschaft bezahlt wird. An Stelle des etwa aufnahmeunfähigen Erwerbers kann ein Familienglied desselben (nicht unter 17 Jahren) versichert werden.

Der Erwerber zahlt dann:

a) die Lebensversicherungsprämie,

b) die Feuerversicherungsprämien, Steuern, Umlagen x., welche auf dem Grundstücke haften,

c) einen vierprozentigen Zins aus dem Anlagekapital an die Ge= sellschaft.

Es ist Sicherheit für die ordnungsmäßige Prämienzahlung zu leisten, indem entweder die zweijährige (bei Beamten x. einjährige) Prämie vorausbezahlt oder eine Genossenschaft oder der Arbeitgeber des Erwerbers die Garantie übernimmt.

2. Der Erwerber zahlt einen Theil bis zur Hälfte des Erwerbspreises baar an und bestellt für den Rest eine Hypothek zu Gunsten der Gesellschaft, d. h. letztere behält sich für den Rest das gesetzliche Vor= zugsrecht des Kaufschillings auf das ganze Grundstück vor.

Dann bestehen die alljährlichen Leistungen des Erwerbers allein in der Verzinsung der Hypotheken= bezw. Restkaufschillingsschuld, sowie den öffentlichen Lasten des Grundbesitzes.

3. Der Erwerber leistet eine kleinere baare Anzahlung und hinterlegt für die Restkaufsumme eine zu Gunsten der Volksbaugesellschaft abgeschlossene Lebensversicherung.

Er hat sodann zu zahlen außer den Steuern und den Umlagen:

a) die Lebensversicherungsprämie,

b) 4 pCt. Zins der Restkaufsumme.

In allen Fällen hat der Erwerber sämmtliche Verkaufskosten und wie erwähnt, die fortlaufenden öffentlichen Abgaben zu zahlen; er ist verpflichtet, auch das Gebäudefünftel und die Fahrnisse gegen Feuer zu versichern. Einer über die Erfüllung dieser Obliegenheiten hinausgehenden Kontrole unterliegt er nicht. Die Lebensversicherung muß bei einer der Volksbaugesellschaft ge= nehmen Versicherungs=Gesellschaft genommen werden.

F. Bemühungen der Gemeinden, Sparkassen und ähnlicher Körperschaften.

Während die Mehrzahl der Kommunalverbände, sofern sie überhaupt die Verbesserung der Wohnungsverhältnisse in den Bereich ihrer Bestrebungen zogen, sich darauf beschränkte, entweder lediglich für ihre Beamten und Ar= beiter — also in der Eigenschaft als Arbeitgeber — zu bauen (vergl. die Seite 78—82 mitgetheilten Beispiele) oder aber Bauunternehmungen auf breiterer Basis durch theilweise weitgehende Zugeständnisse zu unterstützen, haben einzelne Gemeinden die Lösung der Arbeiterwohnungsfrage auch für weitere Kreise ihrer minderbemittelten Bevölkerung in die Hand genommen.

Ein derartiger Versuch wurde schon Mitte des vorigen Jahrzehnts in Freiburg i. B. unternommen.

Im Jahr 1885 erwarb die Stadt Freiburg i. B. zur Abhilfe der Wohnungsnoth aus Stiftungs= und Armenmitteln größere Wohnhäuser, in welche sie arme Familien und Personen einwies. Diese Maßnahme hatte keinen günstigen Erfolg.

1886 erbaute sodann die Stadt auf ihre Kosten auf einem nächst der Stadt und der Eisenbahn gelegenen 63 Ar großen Gelände 16 geräumige, zweistöckige Wohnhäuser, den 1889 weiter 16 Häuser auf dem gleichen Bau= platz folgten. Die Kosten dieser 32 Häuser betrugen in Summa 356 000 M. — pro Haus ca. M. 11 000.

Die 8 Eckhäuser enthalten:

    1. Stock je 2 Wohnungen, von je 2 Zimmer, Küche, Keller und Speicher, Miethzins M. 17.

    2. Stock desgleichen, Miethzins M. 18.

Dachstock je 2 Wohnungen (1 Zimmer und Zubehör) M. 10.

Die 24 Mittelhäuser haben:

    im 1. Stock je 1 Wohnung (2 Zimmer, Küche rc.) Miethzins M. 18

    im 2. Stock je 1 Wohnung (3 Zimmer, Küche rc.) Miethzins M. 23

    im Dachstock je 1 Wohnung (2 Zimmer, Küche rc.) Miethzins M. 13

Jede einzelne Wohnung ist für sich abgeschlossen und hat eigenen Abort, alle Küchen sind mit Wasserleitung versehen. Auf je 4 Häuser kommt eine Waschküche mit Badekabinet. Hinter jedem Haus befindet sich ein abgeschlossener

Hofraum, an den sich ein Gärtchen anschließt, das je zur Hälfte zu den Wohnungen des 1. und 2. Stockwerks gehört. Es beziffern sich:

Der Gesammtmiethertrag auf M. 24 192, die Ausgaben für Feuerver=sicherung, Steuern, bauliche Unterhaltung, Hausmeister und 4 pCt. aus dem Anlagekapital ad M. 356 000 auf M. 14 240, der Reinertrag somit auf M. 5400 = 1½ pCt. des Anlagekapitals. Die Häuser sind von soliden Miethern sehr gesucht. Dieselben sind 1895 bewohnt von 43 gewerblichen Arbeitern, 27 Eisenbahnunterbeamten, 16 Taglöhnern, 6 Fabrikarbeitern, 6 Aufsehern, 4 Händlern, 3 Schutzleuten, 3 Privaten, 2 Bureaudienern, 2 Briefträgern, 2 Gefangenwärtern und 7 Wittwen. Die Miethen sind im Verhältnisse zu den sonstigen Freiburger Miethpreisen sehr mäßige. Der Eigenthumser=werb seitens des Miethers ist grundsätzlich ausgeschlossen und zwar auf Grund früherer Erfahrungen. Die Stadt verkaufte nämlich 1864 7 zweistöckige Arbeiterhäuser um je ca. M. 6000, dieselben sind heute im Besitze eines Fabrikanten, eines Privaten und dreier Geschäftsleute, sie sind also ihrem Zweck völlig entzogen. Es beweist dies, daß die meisten von Arbeitern er=worbenen Häuser sehr bald aus den verschiedensten Gründen in die Hände von Kapitalisten, Spekulanten ꝛc. übergingen. Die Freiburger Gemeinde=behörden verwerfen an Hand dieser Erfahrungen ebensosehr die Bestrebungen, dem Arbeiter „ein eigen Heim“ zu verschaffen, als praktisch unausführbar, wie die Erstellung von Arbeiter=Miethskasernen, welche sich in Freiburg durchaus nicht bewährt hätten. Die höchst zulässige Größe für Arbeiter=Miethshäuser sei zweistöckig mit Mansardenwohnung.

Im Jahre 1895 hat der Stadtrath Freiburg den Beschluß gefaßt, weitere 16 solcher Häuser mit 60 Wohnungen zu erstellen. Der Kostenaufwand für je zwei zusammengebaute Doppelhäuser ist auf 57 500 M., für die ganze Gruppe somit auf 230 000 M. veranschlagt, wozu noch der Bauplatzwerth, die Bauzinsen, Straßen= und Kanalisationskosten mit ca. 15 000 M. kommen. Der gegen früher gesteigerte Aufwand ist in der bezüglichen Vorlage an den Bürgerausschuß damit gerechtfertigt, daß eine mehr offene Bauweise durch=geführt und nicht nur die innere Ausstattung, sondern auch die äußere Ge=staltung etwas reicher ins Auge gefaßt wurde.

Dementsprechend sind auch etwas höhere Miethzinsen in Aussicht ge=nommen, nämlich:

für Eckhäuser I. Stock 340 M., II. Stock 350 M., Mansarde 200 M.
„ Mittelhäuser I. „ 250 M., II. „ 300 M., „ 180 M.

Die Jahresausgabe ist auf 12 240 M. (4 pCt. Zins aus dem Bau=apital, Wasserzins und 0,70 pCt. Unterhaltungskosten) = 4,97 pCt. des Anlagekapitals, der Ertrag an Miethzinsen auf 12 640 M. = 5,14 pCt. des Anlagekapitals berechnet, so daß zur Amortisation des letzteren, welches der städtischen Sparkasse entnommen ist, 0,17 pCt. verbleiben.

In der Begründung der erwähnten Druckvorlage ist betont, daß die früheren Bauherstellungen sich sowohl in sozialpolitischer als auch in finanzieller

Beziehung als eine richtig gedachte und zweckmäßige Gemeindemaßregel heraus= gestellt hätten, deren Fortsetzung im Hinblick auf die ständige Vergrößerung der Stadt einem Bedenken nicht unterliegen könne. Die Thätigkeit der privaten Baugewerbe werde durch die Gemeinde zu Gunsten eines Theils der Einwohnerschaft ergänzt, welcher anderenfalls vielfach sein wohnliches Unter= kommen unter ungünstigeren Bedingungen finden würde.

Der Bürgerausschuß hat in der Sitzung vom 27. Juli 1895 das Bau= vorhaben des Stadtraths gutgeheißen und ist alsbald mit dem Bau der einen Hälfte der Häusergruppen begonnen worden. Deren Fertigstellung ist noch im Jahre 1897 zu erwarten.

Die Verwaltung und Vermiethung der Häuser besorgt die städtische „Beurbarungskommission", welcher ein Hausmeister unterstellt ist. Die bau= liche Unterhaltung ist Sache des städtischen Hochbauamtes.

Aus unserer näheren Umgebung ist das Vorgehen der Stadt Eber= bach rühmend zu erwähnen, woselbst im Juli 1896 Gemeinderath und Bürger= ausschuß die Erbauung von Arbeiterwohnungen aus Mitteln der Sparkasse grundsätzlich beschlossen und aller Voraussicht nach auch die noch ausstehende Gutheißung des Bauprogramms keinerlei Schwierigkeiten begegnet.

Auch die Stadt Straßburg i. E. hat in gleicher Richtung sich hervorgethan. Neben 95 Wohnungen, welche von der städtischen Sparkasse zu billigem Preise abgegeben werden, verwaltet der Armenrath 33 Häuser mit 224 Kleinwohnungen, wovon 9 Gebäude mit 112 Wohnungen erst 1895/96 gebaut wurden.

Die Preise sind die ortsüblichen; die Wohnungen aber erheblich besser, als die sonst erhältlichen. Der Miethzins wird monatlich zum Voraus erhoben.

Der Ortsarmenverband Münster i. W. erwarb 1896 einen größeren Geländekomplex zum Preise von 300 000 M. behufs der Erbauung von Wohnungen für die unteren Bevölkerungsklassen.

Der Kreis Merzig im Regierungsbezirk Trier befaßt sich schon seit dem Jahre 1891 mit dem Bau von Arbeiterwohnungen. Er hat bis zum Jahre 1896 hierfür 101 593 M. aufgewendet und besitzt z. Zt. 39 Häuser.

Der Stadtrath von Venedig bestimmte im Frühjahr 1896 eine Summe von 500 000 Lire, welche den Beständen der städtischen Sparkasse darlehensweise entnommen werden soll, zur Errichtung moderner Häuser als Arbeiterwohnungen. Auch der aus der Vermiethung der letzteren zu er= zielende Nettogewinn soll für den gleichen Zweck angesammelt werden.

Unter die gleiche Gruppe gehört auch das in sozialpolitischen Kreisen mit gespanntestem Interesse verfolgte, in der Tagespresse vielfach besprochene Unternehmen der Stadt Bern. In den Jahren 1889—1892 erbaute die= selbe auf städtischem Areal, dem „Wyler Feld", nach fünf verschiedenen Typen 51 Häuser, darunter:

28 freistehende Gruppenhäuser mit je 2 Wohnungen,

7 Gruppenhäuser mit je 4 Wohnungen,
16 Reihenhäuser mit je 1 Wohnung.

Im Ganzen wurden sonach 100 Wohnungen mit einem Baukostenauf=
wand von 376 826 Frcs. erstellt. Hierzu kam der Aufwand für Straßen=
und Gartenanlagen, Brunnen ꝛc. mit 36 740 Frcs. und der Steueranschlag
des Grund= und Bodens (240 Ar) mit 12 650 Frcs., so daß die Gesammt=
kosten einschließlich der kleineren Ausgaben 427 826 Frcs. betragen. Jeder
Wohnung ist ein Gärtchen beigegeben. Die Anleitung und Beaufsichtigung
im Gemüse= und Obstbau, in dem anfangs die meisten Bewohner keine Er=
fahrung besaßen, besorgt ein städtischer Angestellter. Viele Bewohner mußten
bald aus den Gartenerträgnissen über den Hausbedarf hinaus Nutzen
zu ziehen.

Da der von der Gemeinde für das Unternehmen bewilligte Gesammtkredit
von 985 000 Frcs. noch nicht zur Hälfte erschöpft war, schritt sie als=
bald zum Bau eines zweiten Quartiers in einem anderen Stadttheil (Außer=
holligen). Zu Ende des Jahres 1894 war dort die erste Serie von
6 Gebäuden zu je 2 Wohnungen und 4 Doppelhäusern zu je 4 Wohnungen
beziehbar. Ende 1895 folgte die zweite Serie von 7 Gebäuden mit je 2
Wohnungen und 3 Gebäuden mit je 4 Wohnungen. Von diesen 54 Wohnungen
haben nur 16 blos ein Zimmer nebst Küche, alle anderen enthalten zwei
Zimmer mit Küche. Zu allen Wohnungen gehören Vorplatz, Keller und
etwas Garten.

Der Miethpreis für die stadtbernischen Arbeiterwohnungen variirt zwischen
18--26 Frcs. monatlich. Nach Abzug an öffentlichen Lasten, der Ausgaben
für Gas und Wasser, Unterhaltungskosten, Verwaltung, der etwaigen Mieth=
zinsverluste und von .1 pCt. Kapitalamortisation verbleibt eine Verzinsung
des Anlagekapitals von 3,9 pCt., wobei freilich, wie ersichtlich, das Bau=
gelände erheblich unter dem wirklichen Tageswerthe in Anschlag gebracht ist
Der Bau weiterer Häuser wird fortgesetzt; bis Ende 1897 gedenkt die Stadt
etwas über 200 Arbeiterwohnungen fertiggestellt zu haben. Die Nachfrage
konnte bisher kaum zu einem Viertheil befriedigt werden, um so mehr, als
Private sich nur in beschränktem Umfange mit der Erstellung solcher
Wohnungen befassen.

Die Stadt begnügt sich aber nicht damit, auf eine finanziell vortheil=
haftere Verwerthung ihres zur Ausdehnung der Arbeiterquartiere verwendeten
Bauterrains zu verzichten — weitere materielle Opfer werden von dem Unter=
nehmen nicht beansprucht —; sie sucht durch eine strenge und umsichtige Ver=
waltung die Uebelstände, die sich in den Wohnungen der Armuth und Dürftig=
keit sonst zu entwickeln und ein gesundes und freundliches häusliches Leben
der Bewohner zu zerstören pflegen, nach Kräften fernzuhalten. Insbesondere
wird dem zur Ueberfüllung der Wohnungen führenden Schlafstellenwesen
thunlichst entgegengetreten.

Auf einem anderen Wege sucht die Stadt Konstanz der auch dort hervorgetretenen Wohnungsnoth zu begegnen. Während sie gegen den Bau von Arbeiterwohnungen aus Gemeindemitteln sich ablehnend verhält, will sie den Bauliebhabern aus der Zahl der Arbeiter, kleinen Beamten ꝛc. zur Erlangung eines eigenen bescheidenen Heims dadurch behülflich sein, daß sie denselben städtisches Gelände um wenig mehr als den halben Tageswerth überläßt, auf den Ersatz der Straßenkosten verzichtet und außerdem Darlehen aus Sparkassen- und sonstigen Fondsmitteln gewährt.

Der Beschluß des Stadtraths vom November 1895, die erwähnten Vergünstigungen zunächst an 12 Reflektanten zu gewähren, fand beim Bürgerausschuß einmüthige und freudige Zustimmung.

Die Stadt Aachen unterstützt gemäß der von der Stadtverordneten-Versammlung angenommenen Grundsätze die auf Beschaffung guter, gesunder und billiger Arbeiterwohnungen gerichteten Bestrebungen, soweit es die Finanzlage gestattet, dadurch, daß:

a. städtisches Terrain zu mäßigem Preise käuflich überlassen;

b. etwaige Straßenkosten ganz oder theilweise erlassen;

c. noch näher festzustellende Erleichterungen bezüglich der Kosten des Wasserkonsums gewährt werden sollen und zwar insbesondere, wenn es sich um den Bau von einstöckigen und von höchstens vier Familien bewohnten Häusern (Cottages) handelt und wenn sowohl die beschränkte Bebauung, als auch die beschränkte Benutzungsart der betreffenden Häuser ausreichend gesichert erscheint. Ueber die Zuwendung dieser Vortheile und das Maaß derselben im Einzelnen ist die Entscheidung von Fall zu Fall vorbehalten worden.

In analoger Anwendung dieser Normen ist der „Gemeinnützigen Baugesellschaft" für Aachen und Burtscheid auch für einzelne der von ihr errichteten größeren Arbeiterwohnhäuser die Zahlung der Kanalbeiträge sowie der Gebühren für die Aufstellung von Baugerüsten und die Ablagerung von Baumaterial erlassen worden.

In Genf ist eine eigenartige Lösung der Frage der Errichtung kommunaler Arbeiterwohnungen eingeleitet. Nach dem zwischen Stadt und Kanton Genf abgeschlossenen Vertrag hat die erstere die Niederlegung eines ganzen, inmitten der Stadt gelegenen Komplexes von sanitär beanstandeten Wohnhäusern im Gesammtwerthe von 853 800 M., sowie die Erbauung von 12 Gebäuden an deren Stelle übernommen, jedes zu vier Stockwerken nebst Erd- und Untergeschossen, die zusammen 61 Verkaufs- und sonstige Geschäftsräume gegen die Straße, 43 Hinterräume und 464 Wohnzimmer enthalten sollen. Die Wohnungen (2—4 Zimmer mit Vorraum und Abort) sollen für durchschnittlich 100 Frcs. pro Zimmer jährlich vermiethet werden. Die Kosten des ganzen Unternehmens sind auf ca. 2 064 000 Frcs. veranschlagt. Die Stadt Genf nimmt das nöthige Kapital auf; der Staat übernimmt auf 30 Jahre die Zinsengarantie, wogegen er die Baupläne und die Miethzinsbeträge zu genehmigen, sowie den städtischerseits aufgestellten Verwalter zu bestätigen hat. Der Bau soll innerhalb 5 Jahren in zwei Perioden ausgeführt werden. Dieses Unternehmen erfüllt den doppelten Zweck der Stadt= verschönerung mit der Schaffung gesunder und billiger Wohnräume für die Arbeiterbevölkerung inmitten der Wohnungen von Bürgern anderer Stände.

Ueber die Thätigkeit der Stadt Glasgow in der Wohnungsfrage wird berichtet:

Die Stadt hat eine Reihe ungesunder Quartiere aufgekauft und an deren Stelle Arbeiterwohnungen erbaut, die sie um 150—200 Frcs. jährlich vermiethet. Zur Steuerung des anerkanntermaßen das Familienleben des Arbeiters vergiften= den Schlafstellenwohnens baute sie seit 1870 sieben Logierhäuser, sog. „Volks= hotels“ für Unverheirathete, von denen das eine für Frauenspersonen be= stimmt ist, in welchen ein Zimmer mit gutem Bett für 35—45 Centimes für die Nacht vermiethet wird und woselbst den Besuchern ein Salon, ein Lese= saal, Küche und Büffet zur Verfügung stehen. Die Stadt erstellt zur Zeit ein Familienhotel, in dem Vater, Mutter und drei Kinder ein bequemes Unterkommen für 80 Cts. die Nacht finden und wo die Kinder für 1,05 Frcs. wöchentlich Nahrung, Wohnung und Unterricht erhalten sollen. Durch diese Unternehmungen hat die Stadt das sich gesteckte Ziel, die Anregung der Privatthätigkeit zur Bereitstellung guter und billiger Wohnungsgelegenheit für die·unteren Klassen, fast vollständig erreicht; die Hausbesitzer sahen sich in Folge der städtischen Konkurrenz zur Herabsetzung ihrer Preise und zur Her= stellung behaglicherer und gesunderer Wohnstätten für ihre Miether genöthigt. Es sind auch polizeiche Maßnahmen gegen die Ueberfüllung der Wohnungen getroffen. An jedem Hause, das nicht mehr als 2000 Kubikfuß einnimmt, ist eine Tafel angebracht, welche das Maximum der darin unterzubringenden Menschen angiebt. Erfüllen diese Häuser die sanitären Bestimmungen nicht, so werden sie von Amtswegen geschlossen.

Eine interessante Kombination der Fürsorge des Arbeitgebers mit der zinstragenden Verwendung öffentlicher Gelder zum Zwecke der Beschaffung. guter und gesunder Wohnungen trat in jüngster Zeit in der Nachbarstadt Heidelberg zu Tage.

Dort beschloß die städtische Sparkasse die Erbauung dreier freistehender zweistöckiger Doppelhäuser mit je 8 Wohnungen, welche an die bei der Stadt= gemeinde beschäftigten Bediensteten und Arbeiter vermiethet werden sollen. Der Miethzins für das ganze Anwesen wird aus der Stadtkasse bezahlt, welche ihrerseits von den Angestellten die einzelnen Mietsbeträge vereinnahmt.

Jede Wohnung soll ein großes Wohnzimmer, welches durch eine Holz= wand in zwei Abtheilungen zerlegt werden kann, ein Schlafzimmer und eine Küche mit einer Gesammtbodenfläche von 45,20 qm im ersten und 52,50 qm bezw. 45,40 qm im zweiten Stock umfassen. Zu jeder Wohnung gehört ferner ein Abort, ein abgeschlossener gewölbter Keller von 19,67 qm, ein Kohlen= keller von 3,85 qm und ein abgeschlossener Speicherraum von 20 qm und endlich ein Gärtchen von 12 qm, welches später auf 36 qm gebracht werden kann.

Als Miethzins ist für die 12 Wohnungen im ersten Stock je 180 M., für die 6 kleineren im zweiten Stock je 200 M. und für die 6 größeren daselbst je 250 M., somit im Ganzen 4560 M. pro Jahr angenommen.

Der Gesammtaufwand für Geländeerwerb und Bau ist auf 112000 Mark veranschlagt. Die Aufstellung der Pläne und Kostenanschläge, sowie die Bauleitung geschieht durch das städtische Hochbauamt.

Die nach § 14 des badischen Sparkassengesetzes erforderliche Genehmigung zur Anlage von Kapitalvermögen der Sparkasse in dem bezeichneten Unternehmen ist unbeanstandet ertheilt worden.

Aus Veranlassung des im Jahre 1898 stattfindenden 50jährigen Regierungsjubiläums des Kaisers Franz Josef I. von Oesterreich ist im Juni 1896 aus Beiträgen der I. Oesterreichischen Sparkasse in Wien, der Handels- und Gewerbekammer für Oesterreich u. d. Enns und des Niederösterreichischen Gewerbevereins im Gesammtbetrage von 280000 fl. die „Kaiser Franz Josef=Jubiläumsstiftung für Volkswohnungen und Wohlfahrtseinrichtungen" errichtet worden, welcher der Kaiser alsbald 350000 fl. aus dem Wiener Stadterweiterungsfond zuschoß und der außerdem 30000 fl. sowie 2000 qm. günstig gelegenen Baugeländes aus der Liquidation einer Baugesellschaft anfielen. Ferner werden der Stiftung dauernd drei Viertheile des Pachtschillings eines umfangreichen, an Sportvereine überlassenen Terrains zu Gute kommen. Weitere reiche Zuwendungen sollen bestimmt zu erwarten sein. Zweck der Stiftung ist die Verbesserung der Wohnungsverhältnisse der ärmeren Bevölkerung, zunächst in Wien, ev. auch anderer Gemeinden in Oesterreich u. d. Enns, und zwar durch:

a. käufliche oder pachtweise Erwerbung von Grundstücken und Häusern;
b. Erwerbung geeigneter Wohnhäuser (Miethskasernen für Familien, Arbeiterhotels für ledige Miether).
c. Verwaltung der eigenen, sowie fremder Häuser, welche der Stiftung zu diesem Zwecke übergeben werden;
d. Vermiethung der Räume dieser Häuser an Familien und Personen mit kärglichem Einkommen;
e. Schaffung von Wohlfahrtseinrichtungen für die Bewohner der Häuser und, soweit thunlich, auch für weitere Kreise der Bevölkerung (Badeanstalten, Kinderpflegeanstalten und Kindergärten, Jugend- und Volksspielplätze, Krankenpflege, Consumgenossenschaften, Lehr- und Vortragszimmer, Handfertigkeits=, Haushaltungs= und Unterrichtskurse u. dergl.)
f. Anregung und Anbahnung von Maßnahmen allgemeiner Art zur Verbesserung der Wohnungsverhältnisse.

Bei den reichen Mitteln, welche dem neuen Unternehmen schon heute zu Gebote stehen, kann an einer ersprießlichen Wirksamkeit desselben wohl kaum gezweifelt werden. Von besonderem Interesse dürften die Erfahrungen sein, welche sich aus der Verwaltung und Vermiethung fremder Häuser ergeben werden.

Achter Abschnitt.

Schlußfolgerungen.

I.

Die Wohnung gehört nach unseren klimatischen und kulturellen Zuständen zu den unentbehrlichsten menschlichen Bedürfnissen. Der Einfluß, welchen die Art der Befriedigung desselben auf die wirthschaftlichen, gesundheitlichen und sittlichen Verhältnisse eines Landes, der einzelnen, in ihm vereinigten Gemeinwesen und der Familie ausübt, machen es den öffentlichen Behörden zur Pflicht, dem Wohnungswesen ihre volle Aufmerksamkeit zuzuwenden.

Wenn in dieser Schrift in erster Linie bei der Wohnungsfrage der Arbeiterbevölkerung gedacht wird, so geschieht dies nicht um deßwillen, weil der Arbeiter bei der Befriedigung seines Wohnungsbedürfnisses in ungünstigerer Lage sich befinde, als andere mit geringem Einkommen ausgestattete Einwohner, sondern lediglich der Kürze wegen, da die Arbeiterschaft das größte Kontingent zu der von den Wohnungsnoth betroffenen Bevölkerungsklassen stellt.

Das Wohnungsbedürfniß findet nun in räumlich und zeitlich nicht seltenen Fällen eine höchst ungenügende Befriedigung.

Tritt die alsdann vorhandene Wohnungsnoth in der Form eines Mangels an Wohnungen auf, weil die Wohnungsproduktion eines Platzes der hochgestiegerten Bevölkerungszunahme desselben nicht zu folgen oder den durch Straßendurchbrüche und dergleichen entstehenden Verlust an Wohnungen nicht rechtzeitig zu decken vermochte, so werden hievon alle gesellschaftlichen Schichten betroffen. Derartige Krisen sind indessen selten von längerer Dauer, da in der Regel alsbald ein lebhafter Aufschwung der Bauspekulation eintritt, der den Nothstand binnen kurzer Zeit wenigstens zum großen Theil beseitigt.

Die im Mangel an gesunden und billigen Wohnungen sich äußernde Wohnungsnoth, infolge deren räumlich und sanitär ungenügende Wohnungen benützt oder Miethzinsen bezahlt werden, welche der ökonomischen Leistungsfähigkeit des Miethers nicht entsprechen und einen ungebührlich großen Theil seines Einkommens absorbiren, ist von ungleich größerer Bedeutung. Diese Uebelstände müssen ja von der ökonomisch am wenigsten leistungsfähigen großen Masse der Bevölkerung, hauptsächlich von der Arbeiterklasse, getragen werden, die nicht, wie die wohlhabende Bevölkerung, von sich aus Abhülfe schaffen kann.

Nicht selten tritt hier der Fall ein, daß trotz einer Ueberproduktion im

Baugewerbe eine namhafte Quote der Bevölkerung an Wohnungen Mangel leidet oder doch unzulänglich versorgt ist, weil der durch die Produktionskosten bedingte Minimalpreis der Wohnungen eben die den Konsumenten hiefür zur Verfügung stehenden Mittel übersteigt, eine Erscheinung, welche auch hinsichtlich anderer wirthschaftlicher Güter des Oefteren wahrnehmbar ist. Während aber derselben im Allgemeinen durch Verminderung der Herstellungskosten und Erhöhung der Kaufkraft der konsumirenden Massen begegnet werden kann, ist diese Abhilfe im Wohnungswesen nur in sehr beschränktem Maße anwendbar.

Zum Mindesten im großstädtischen Baugewerbe ist die Ausnützung aller geschäftlichen Vortheile, die durch Arbeitstheilung, Einkauf der Rohmaterialien, Vermeidung aller irgendwie entbehrlichen Ausgaben erreichbar sind, derart ausgebildet, daß eine Steigerung nur auf Kosten der Arbeitslöhne oder der Zweckmäßigkeit oder Solidität der Bauwerke erzielt werden könnte. Die Gestaltung des Bodenpreises, eines für die Höhe der Baukosten wichtigen Faktors, ist größtentheils der Einwirkung der Baugewerbetreibenden entzogen.

Eine Vermehrung der Leistungsfähigkeit der Wohnungsbedürftigen durch Erhöhung der Arbeitslöhne gilt Vielen als das einzig wirksame und wirthschaftlich zu rechtfertigende Mittel gegen die Wohnungsnoth. Die äußerste Konsequenz des Satzes, daß die Wohnfrage lediglich eine Lohnfrage sei, gipfelt in der Anschauung, eine Lösung der ersteren sei auf dem Boden der heutigen Gesellschaftsordnung überhaupt nicht möglich. Das vom allgemein menschlichen Gesichtspunkte aus berechtigte Streben nach einer so erheblichen Steigerung des Arbeitseinkommens, daß solche auf die Wohnungsfrage wirklich einen Einfluß zu üben vermöchte, findet seine Grenze in dem Unvermögen mancher Industriezweige, erheblich höhere, als die bereits bestehenden Löhne aufwenden zu können, sowie in der Befürchtung, daß manche Großbetriebe, um sich konkurrenzfähig zu erhalten, von der Seßhaftmachung an den Industriezentren abgehalten und zur Niederlassung in Gegenden mit geringen Bodenwerthen und billigen Arbeitskräften genöthigt sind. Eine Entwickelung der Dinge im Sinne einer Fernhaltung bezw. Beseitigung der Fabriken aus den Großstädten und allmähligen Verlegung der Industrie in ländliche Gegenden bildet nun gerade das ausgesprochene Ziel einer sozialpolitischen Richtung, als deren hervorragendster Vertreter der Pastor von Bodelschwingh in Bielefeld zu nennen ist. Es bedarf wohl keiner besonderen Ausführung, daß die Verwaltungen großer Städte den bezüglichen Bestrebungen auf diesem Wege im eigenen Interesse nicht zu folgen vermögen.

II.

Ist die Wohnungsnoth eine so unzertrennliche Begleiterscheinung des außerordentlichen Wachsthums der modernen Städte, des Aufschwungs von Handel und Industrie, so wäre deren Nichtvorhandensein in unserer Stadt fast als befremdlich anzusehen.

In der That wird ein unbefriedigender Zustand der Mannheimer Woh-

nungsverhältnisse angesichts der oben mitgetheilten, durch eingehendes Zahlen=
material belegten Feststellungen, wie nicht minder der Erscheinungen des
täglichen Lebens selbst bei optimistischer Auffassung nicht beabredet werden
können.

Hat ·schon bei der Volkszählung vom Dezember 1895 die Zahl der leer=
stehenden Wohnungen nur 2,7 pCt., also weniger als die von der Statistik
geforderte Durchschnittsreserve von 3 pCt. betragen, obgleich die zahlreichen,
uv Feststellungstage nicht völlig beziehbaren Neubauten des Lindenhofstadt=
theils sowie die wegen bevorstehenden Umbaues bereits geräumten Wohnungen
im Stadtinnern miteingerechnet sind, so ist, wie ein Blick auf den Wohnungs=
markt der Tagespresse und die Beobachtungen bei den letzten Umzugsterminen
zeigen, seitdem eine namhafte Verschlimmerung eingetreten, dergestalt, daß in
einzelnen Stadttheilen die Nachfrage nur zum geringsten Theil gedeckt werden
konnte. Es erscheint dies übrigens auch bei den fortgesetzt günstigeren Kon=
junkturen unserer heimischen Industrie und dem dadurch bedingten, seit Jahren
in gleicher Stärke nicht gekannten, starken Zuzug fremder Arbeitskräfte durch=
aus nicht auffällig.

Es liegt auf der Hand, daß bei dem herrschenden Mangel an Woh=
nungen überhaupt und an solchen kleineren Umfangs im Besonderen die ge=
sundheitliche und räumliche Beschaffenheit sowie die Miethpreise sich keines=
wegs zum Vortheil der Wohnungsbedürftigen geändert haben. Durch den
Abbruch einer Reihe älterer Häuser im Innern der Stadt wurde zwar ein
Theil der sanitär unzulänglichen Miethsräume beseitigt, damit aber nur die
Marktfähigkeit und der Miethswerth der übrigen erhöht.

Die Stadt Mannheim gedenkt nun die Gunst der wirthschaftlichen Ver=
hältnisse sich zu Nutzen zu machen, indem sie unter Aufwendung gewaltiger
Mittel einen großartigen Industriehafen, ein Elektrizitätswerk und andere, die
Ausdehnung der bestehenden und die Ansiedelung weiterer Industriezweige
fördernde Einrichtungen in's Leben ruft. Sind diese Anstrengungen von dem
gehofften Erfolg begleitet, so müßten andrerseits die Wohnungsverhältnisse
der arbeitenden Klassen in steigendem Maße unbefriedigende werden. Daraus
folgt, daß hierorts mit der Wohnungsnoth als einer dauernden Erscheinung
wird gerechnet werden müssen, sofern nicht auf außergewöhnlichem Wege nach=
haltige Abhülfe geschaffen wird. Eine solche Abhülfe erscheint möglich; sie ist aber
auch hier wie überall — ganz abgesehen von den Forderungen der Humanität
und der sozialen Fürsorge — ein Gebot zwingender Nothwendigkeit. In schlechten,
feuchten Wohnungen mit mangelhafter Heizung, Lüftung und Beleuchtung,
unzureichender Anlage von Aborten c. leidet vor Allem die Gesundheit. Den
übervölkerten Wohnungen wird nicht die nöthige frische Luft zugeführt, auf
Reinigung und Reinhaltung nur geringe Sorgfalt verwandt. Für die massen=
mordenden Epidemien, wie Cholera, Typhus u. a. bilden infolge dessen die
kleinen Wohnungen in den überfüllten Bezirken der Großstädte oft den Ent=
stehungsherd; sie liefern auch das größte Kontingent an Kranken; die Sterb=
lichkeit, insbesondere der Kinder, erreicht daselbst eine bedauerliche Höhe. Wenn

auch hoher Krankheitsstand und große Sterblichkeit zum Theil die Wirkung anderer Umstände, mangelhafter Ernährung, Abspannung durch Arbeit, unnatürlicher Lebensweise, überhaupt der gesammten Lebensverhältnisse sind, so stehen diese doch in engem Zusammenhange mit der Wohnung, und gerade sie sind es oft, welche zu engem Wohnen nöthigen.

In sittlicher Beziehung wirken Mangelhaftigkeit der Wohnung und große Wohndichtigkeit fast noch ungünstiger. Fortdauernder Streit innerhalb der einzelnen Familien und unter den verschiedenen Miethsparteien ertödtet jeden Sinn für ein friedliches Leben bei Erwachsenen und läßt bei der Jugend eine Neigung für ein geordnetes, gesittetes Zusammenleben überhaupt nicht aufkommen. Der müde, von der Fabrik nach Hause kehrende Arbeiter findet hier weder Behaglichkeit, noch Familienfrieden. Wer mag ihm deshalb verdenken, wenn er Zerstreuung im Wirthshause sucht? Die Trunksucht mit allen ihren für Gesundheit und Familienleben so nachtheiligen Wirkungen ist nur zu häufig eine Folge mangelhafter Wohnungszustände. Das in den übervölkerten Wohnungen herrschende Zusammenleben der Geschlechter untergräbt binnen Kurzem jedes Sittlichkeits- und Schamgefühl und führt bald — fast unmerklich — zu einer abgrundtiefen Verderbniß der Sitten.

„Gute Eigenschaften, Sinn für Reinlichkeit, Sparsamkeit, Recht und Ordnung können unter Verhältnissen der geschilderten Art selbstredend nicht gedeihen, ein Heimathsgefühl kann bei dem Wohnungsnomaden sich nicht entwickeln; findet er nirgends ein häusliches Behagen, so verliert er auch jegliches Interesse an wohnlichen Zuständen, es werden schließlich alle sittigende Bande fester geselliger und nachbarlicher Beziehungen zerrissen, das Familienleben wird untergraben, das Gefühl der Zusammengehörigkeit und mit ihm der edelste der menschlichen Triebe, die Liebe, zerstört. Die Gesammtheit hat daher das höchste Interesse, Zuständen gedachter Art zu begegnen; dieselben gefährden, sobald sie in größerem Umfange auftreten, die ganze Gesellschaft, Kultur und Gesittung." (Lehr, „Wohnungsfrage".)

Es darf wohl auch darauf hingewiesen werden, daß gerade in der Abstufung der Wohnung die tiefste Kluft zwischen den Wohlhabenden und den Angehörigen des vierten Standes sich eröffnet und daß die Wohnungsnoth um so peinlicher empfunden wird, je vollständiger und luxuriöser die Klassen der Reichen ihr Wohnungsbedürfniß decken. Zahlreiche Angehörige der Mittelklassen würden sich sehr wohl mit der in besseren Arbeiterfamilien üblichen Ernährung, dem Maaß der Konsumtion geistiger Getränke 2c. zufrieden geben, wie ja auch das Mittagsmahl der badischen Volksküchen sich von dem Tische des mittleren Bürger- und Beamtenstandes häufig nur dadurch unterscheidet, daß das Mißgeschick der Köchin in Ersteren weniger häufig coincidirt. Wohl aber würde, wie der badische Fabrikinspektor mit Recht bemerkt, „kein Angehöriger des Mittelstandes und des Kleinbürgerthums mit den Wohnungen der Arbeiter und ihrem Gefolge von Unbehagen und Unkultur vorliebnehmen."

Allerdings muß andererseits der Schmoller'schen Ausführung beige-

pflichtet werden, daß die unteren Klassen sich eine Verschlechterung der Woh=
nungsverhältnisse leichter gefallen lassen, weil sie die Tragweite derselben nicht
zu übersehen, den Einfluß der Wohnung auf Familienglück, Sitte, geistiges
und sittliches Wohl nicht zu ermessen vermöchten. „Angezogen vom Lohn der
Großstadt, nehmen sie die schlechte Wohnung in Kauf, ohne zu ahnen, was
die Folge davon sein wird." Wer denkt hiebei nicht an die in dem letzten
Decennium aus der bayerischen Pfalz, dem armen hessischen und badischen
Odenwald Eingewanderten?

Die poetische Verherrlichung der begrifflich von der Familie kaum zu
unterscheidenden Wohnung durch die Worte „home sweet home" und die
Charakterisirung eines Volkes nach seinen Wohnungsverhältnissen in dem
Satze: „As the home, so the people" erinnern in den englischen wie in den
deutschen Industriestädten, in denen unsere „modernen Wohnungsnomaden" auf
fortwährender Wanderschaft sich befinden, nur noch an längst entschwundene
Zeiten.

III.

Auch über den nach hiesigen Verhältnissen geeignetsten Zeitpunkt zu
einem Vorgehen gegen die Wohnungsnoth scheint kaum ein Zweifel möglich.
An sich würde es sich ja empfehlen, die Eröffnung neuer Bauquartiere, Er=
stellung von Straßen, den Bau von Miethhäusern in die Zeiten wirthschaft=
lichen Niederganges zu verlegen, wobei nicht allein aus den niederen Arbeits=
löhnen, Material= und Bodenpreisen Vortheil gezogen, sondern auch den in
der Industrie brach liegenden Arbeitskräften willkommene Beschäftigungs=
gelegenheit geboten werden könnte. Andererseits wird aber bei unsicherer
Aussicht auf die Zukunft kaum Neigung für derartige große Unternehmungen
vorhanden sein, um so mehr als die Wohnungsnoth selbst durch verminderten
Zu= und vermehrten Wegzug in solchen Zeiten häufig eine erhebliche Milderung
erfährt. Es erübrigt deshalb nur, sich mit den fraglichen Maßnahmen
den Bedürfnissen anzupassen, eine intensivere Bauthätigkeit also dann ein=
treten zu lassen, wenn die Steigerung einer schon bestehenden Unzulänglich=
keit an Wohnungen mit ziemlicher Sicherheit vorausgesehen werden muß, wie
dies im gegenwärtigen Augenblick angesichts der bevorstehenden raschen Be=
siedelung des Industriehafengebiets mit industriellen Etablissements der Fall
ist Noch eine Reihe von Umständen sprechen für eine unverweilte, nach=
drückliche Behandlung der Wohnungsfrage. Die tiefe Lage und die durchweg
ungünstigen Untergrundverhältnisse der bisherigen Mannheimer Baugebiete
machten eine kostspielige Auffüllung und Fundirung der Gebäude und Straßen
erforderlich, durch welche, wie nicht minder durch die rapide Erhöhung der
Bodenpreise, der Bauaufwand oft in einer für die Häuser mit kleinen Mieth=
wohnungen empfindlichen Weise gesteigert wurde. Durch die Einverleibung
des Vorortes Käferthal ist die Bebauung des nördlich der Frankfurter Straße
gelegenen Hochgestades, woselbst die Preise sich noch in mäßiger Höhe be=
wegen, überdies große Flächen im Besitze der Gemeinde sind und die Adap=

tirung zu Baugelände geringe Kosten verursacht, in die Nähe gerückt. Auch die herrschende große Geldflüssigkeit ist einer lebhaften Bauthätigkeit sehr förderlich.

IV.

Die Anforderungen an Lage und Beschaffenheit der Wohnungen anlangend, wird eine dem thatsächlichen Bedürfnisse möglichst Rechnung tragende Vertheilung derselben auf das gesammte Gemarkungsgebiet angestrebt. Darnach richtet sich auch die Größe der Häuser. Im Weichbild der Stadt wird der vierstöckige Kasernenbau in geschlossener Baureihe, an der Peripherie und in den neu erschlossenen Gemarkungstheilen die offene Bauweise mit Einzel= und Gruppenhäusern bis herab zum Ideal des Arbeiterwohnhauses, der Cottage, vorherrschen.

Auch das vom sozialpolitischen Standpunkt wegen der Trennung des Arbeiters von den übrigen Gesellschaftsklassen verpönte Arbeiterviertel soll wegen der möglichen Kostenersparniß für Fundirung, Entwässerung, Straßen= anlagen 2c. nicht ausgeschlossen sein, jedoch sollte durch Verwendung der mannigfaltigsten Bauformen, durch Baumgruppen, Gärtchen 2c. demselben der Charakter des Eintönigen genommen und ein lebensvolles Bild verliehen werden. Alle Wohnungen sollen mit 1—3 Zimmern und Küche ausgestattet werden, die Küche so geräumig, daß sie, der in den betreffenden Kreisen allge= mein verbreiteten Gewohnheit entsprechend, zugleich als Aufenthaltsraum der Kinder und als Eßraum benützt werden kann.

V.

Eine wichtige Frage ist die, ob der Wohnungsbedürftige nur zur Miethe wohnen oder demselben Gelegenheit zum Eigenerwerb gegeben werden soll. In Anbetracht der ungünstigen Erfahrungen, welche anderorts mit dem Eigenhaus gemacht wurden, soll der Eigenthumserwerb grundsätzlich ver= mieden werden.

VI.

Nunmehr wirft sich aber die Frage auf, wem die Beseitigung der be= stehenden Wohnungsnoth und vorbeugende Maßregeln gegen künftige Mißstände obliegen. Diese Fürsorge kann sich, wie auch die in Abschnitt 7 geschilderten Versuche zeigen, in folgender Weise äußern:

a. Erbauung von Arbeiterhäusern von Seiten der Arbeitgeber.

b. Selbsthülfe der Wohnungsbedürftigen durch Gründung von Bau= genossenschaften u. dergl.

c. Gemeinnützige Bauunternehmungen mit beschränkter Kapital= verzinsung.

d. Private Bauthätigkeit auf rein oder vorwiegend kapitalistischer Grundlage.

8*

e. Bemühungen des Staats, der Gemeinde und anderer Körper=
schaften.

Unter den erwähnten Unternehmungsformen erscheint als einfache und
natürlichste Abhülfe

a. Der Bau von Wohnungen durch die Arbeitgeber.

Die Unternehmungen derselben sind die Ursache der Bevölkerungszunahme
und des vermehrten Wohnungsbedarfs. Der auf dem Lande sich ansiedelnde
Industrielle ist sehr häufig zur Erstellung von Arbeiterwohnungen genöthigt, um
die Arbeiter in der Nähe seines Werkes seßhaft zu machen, sie an dasselbe
zu fesseln und sich einen Stamm tüchtiger Kräfte zu erhalten. Der Industrielle
der Großstadt ist zwar dieser Nothwendigkeit enthoben, nicht aber der
moralischen Verpflichtung, seinerseits wenigstens nach Kräften zur Deckung des
Wohnungsbedürfnisses seines Personals beizutragen, um so mehr als erfahrungs=
gemäß das eigene Interesse keineswegs darunter Noth leidet. Würden alle
über 80—100 Personen beschäftigende Arbeitgeber Wohnungen für den seß=
haften Theil ihrer Arbeiter erstellen, so wäre der qualitativen und quantita=
tiven Unzulänglichkeit der kleineren Wohnungen mit einem Schlage und auf
absehbare Zeit abgeholfen. Freilich lassen sich auch manche Gründe gegen ein
Wohnungsangebot des Arbeitgebers vorbringen. Einmal ist zu berücksichtigen,
daß nicht wenige Unternehmer das ganze ihnen zur Verfügung stehende Kapital
im Betriebe festgelegt haben und Erübrigungen guter Geschäftsjahre theils als
Verlustreserve, theils zur Erweiterung oder Vervollkommnung des Betriebes
verwenden, so daß ihnen häufig eigene Mittel zu anderen, wenn auch noch so
nützlichen Zwecken mangeln. Sodann ist die Arbeiterzahl mancher Fabriken
in hohem Maße von den in der Industrie herrschenden Schwankungen ab=
hängig, wodurch allein schon eine auf Jahrzehnte hinaus berechnete Wohnungs=
fürsorge sehr erschwert ist. Bei einem großen Theile der Arbeiterschaft ist über=
haupt die Wohnungsvermiethung durch die Arbeitgeber wenig beliebt, weil
sie fürchtet, durch dieselbe in ein der freien Bewegung hinderliches Abhängig=
keitsverhältniß zu gerathen.

Trotz dieser Einwendungen muß es als wünschenswerth erachtet werden,
daß alle größeren Arbeitgeber für den festen Stamm ihrer Arbeiter Wohnungen
erstellen und an diese unter loyalen Bedingungen, insbesondere hinsichtlich der
Kündigung, vermiethen. Die minder kapitalkräftigen Unternehmer könnten
statt dessen durch Betheiligung an einer nach den unten folgenden Grund=
sätzen arbeitenden gemeinnützigen Vereinigung die Lösung der Wohnungsfrage
fördern.

Der Staat und die sonstigen öffentlichen Verbände, vor
allem die Gemeinden sind zumeist Arbeitgeber in großem Stil, in ihren
Betrieben herrscht ziemliche Stabilität und die Aufbringung selbst größerer
Kapitalien bereitet ihnen wenig Schwierigkeiten. Sie haben daher ganz be=
sonderen Beruf, das Wohnbedürfniß eigener Arbeiter und Angestellten nöthigen=
falls direkt zu decken.

Die Zweckmäßigkeit einer derartigen Maßnahme ist von kompetentester Stelle — von einem der hervorragendsten Sozialpolitiker, dem früheren Frankfurter Oberbürgermeister, jetzigen preußischen Finanzminister Dr. Miquel — betont. Derselbe sagte in dem von ihm auf der Versammlung für öffentliche Gesundheitspflege zu Frankfurt a. M. vom 13. bis 15. September 1888 gehaltenen Vortrage über „Maßregeln zur Erreichung gesunden Wohnens:

„Die Gemeinden als Arbeitgeber sind genau so gut wie die übrigen Arbeitgeber „verpflichtet, sich um die Wohnungsfrage zu bekümmern. Wir haben in Frankfurt „damit angefangen und zwar mit vortrefflichem Erfolge, für die gering besoldeten „Beamten städtischer Verwaltung Wohnungen zu bauen. . . . . . . Diese Wohnungen „bringen uns 4,8% bei voller Anrechnung der Werthe der Bauplätze und bei Zahlung „der Canalbeiträge und die Beamten wohnen billiger, gesunder, gesicherter, in guter „Gesellschaft. Setzen die Gemeinden dies System fort, nicht blos bezüglich der kleinen „Beamten, sondern auch bezüglich der städtischen Arbeiter, würde der Staat in dieser „Beziehung nachfolgen, so würde das schon eine ganz große Wirkung üben. Der „Staat kann genau dasselbe thun. Er giebt den Beamten Wohnungsgeldzuschuß. Wenn „die königliche Eisenbahndirektion hier in der Stadt mit 400 neuen Beamten eintritt, „so ist der Wohnungsgeldzuschuß durch die gestiegenen Miethen wieder verschwunden „Ganz anders würde es sein, wenn der Staat selbst solche Wohnungen baute, nicht „Dienstwohnungen, sondern gewöhnliche Miethwohnungen, wie das die großen Arbeit= „geber, die auf dem Lande ihre Fabriken errichten, auch thun müssen."

Herr Stadtbaurath Stübben aus Köln führte zur gleichen Frage auf dem Congreß des deutschen Vereins für Gesundheitspflege vom 17. bis 19. September 1891 aus:

„Die Erstellung von Neubauten zu Miethzwecken ist wesentliche Sache der Privat= „thätigkeit. Da aber im Allgemeinen die Kopitalisten nur geringe Neigung zur An= „lage ihres Vermögens in Häusern mit Arbeiterwohnungen an den Tag legen, weil „die Vermiethung und Verwaltung solcher Häuser mit vielen Schwierigkeiten und „Unannehmlichkeiten verknüpft ist, da in Folge dessen die auf den Verkauf arbeitenden „Bauunternehmer dem Bau solcher Wohnungen nicht besonders zugethan sind, so „pflegt die Privatbauthätigkeit dem Bedürfniß der kleinen Wohnungssuchenden nicht „voraufzugehen, sondern nur langsam zu folgen. Die Nachfrage ist größer als das „Angebot; daraus folgt die hohe Miethe und Wohnungsmangel. Abhülfe kann „nicht geschaffen werden durch Neubauten des Staates oder der „Gemeinde, weil eine solche übermächtige Konkurrenz die Privatbauthätigkeit hemmen „würde, anstatt sie zu fördern. Die Ergänzung des gewerblichen Häuserbaues ist „vielmehr Sache von Genossenschaften und Aktiengesellschaften, wobei die letzteren „ihre Thätigkeit unbeschadet des gemeinnützigen Charakters derselben weniger nach „den Grundsätzen der Wohlthätigkeit, als vielmehr auf geschäftlicher, finanzwirth= „schaftlicher Grundlage einzurichten haben.

„Die Ergänzung ist ferner Sache der Arbeitgeber und in diesem be= „schränkten Sinne auch des Staates und der Gemeinde, welche für „ihre Unterbeamten und Arbeiter im Bedarfsfalle Miethwohnungen, d. h. Wohnungen „zur freiwilligen Anmiethung, nicht Amtswohnungen errichten sollen. Die da und „dort geäußerte Besorgniß, die staatlichen und kommunalen Baubeamten seien nicht im „Stande, solche Wohnungen billig und zweckmäßig herzustellen, ist hinfällig, da es „sich hier nicht um Dienstwohnungen handelt und der Vorwurf der zu weiträumigen „Einrichtung und zu üppigen Ausstattung der Dienstwohnungen nicht den Baumeistern, „sondern den Programmverfassern, also den Behörden zur Last zu legen ist."

Im letzten Satze ist zugleich einem oft gehörten Einwand gegen die Bauthätigkeit insbesondere der Gemeinden zu begegnen gesucht. In wie weit er doch eine gewisse Berechtigung behält, wird nach lokalen Verhältnissen zu beurtheilen sein. Die Erfahrung lehrt allerdings, daß die städtischen Bau= ämter, welche sonst ausschließlich mit der Projektirung und Ausführung von monumentalen, auf die Dauer von Jahrhunderten berechneten Neubauten befaßt sind, die gewiß löblichen Grundsätze des Solidität und des guten Ge= schmacks auch bei der Erstellung von Arbeiterwohnungen anzuwenden pflegen, was das Bauen und die Miethzinsen vertheuert. In manchen Fällen wird sich deshalb empfehlen, den Bauentwurf und die Ausführung Privatunter= nehmern zu übertragen und die Thätigkeit der städtischen Baubeamten auf die Prüfung und die Aufsicht zu beschränken. Bei alledem ist nicht aus dem Auge zu verlieren, daß die Miethhäuser der Gemeinden als Muster dienen sollen und daher eine übertriebene Sparsamkeit — die sich übrigens auch in hohen Unterhaltungskosten und Abschreibungen bemerklich machen würde — ebenso verwerflich ist, wie ein allzuweit gehendes Entgegenkommen auf die oft unbe= rechtigten Ansprüche der Bewohner.

Es muß eingeräumt werden, daß die Stadt Mannheim bisher ihrer diesbezüglichen Aufgabe als Arbeitgeberin sehr unvollkommen gerecht geworden ist. Nur in den Fällen, wo das unabweisliche dienstliche In= teresse dies erforderte, sind bisher Dienstwohnungen für einzelne Beamte (den Direktor, I. Ingenieur der Gasanstalt, den Maschinisten des Wasser= werks, den Kassier, Marktmeister, Portier und Bahnwart des Viehhofes, den Aufseher des Fahrparks und der Compostniederlagen der Abfuhranstalt, den Aufseher des Kanalpumpwerks, den Thürmer, Hausmeister im Rath= hause, die Schuldiener) bereitgestellt worden. Doch hat der Stadtrath im Grundsatz die Absicht zur Erstellung von Miethwohnungen, zu= nächst versuchsweise für einen Theil der städtischen Arbeiter und Bedien= steten, bereits zu erkennen gegeben und es befindet sich ein Projekt hinsichtlich des Personals des neuen Viehhofes in Bearbeitung Auch die Geneigtheit des Bürgerausschusses darf nach den in der Sitzung dieses Kollegiums vom 11. Februar 1896 erfolgten Kundgebungen füglich vorausgesetzt werden (Vergl. S. 20/23 dieser Schrift.)

Die Stadtgemeinde beschäftigt zur Zeit 132 verheirathete Beamte und Bedienstete mit einem Jahreseinkommen von weniger als 2000 Mk., sowie 650 fast ausnahmslos verheirathete Arbeiter. Um das Wohnbedürfniß dieser Leute zu decken, müßte die Stadtgemeinde, wenn die Baukosten der einzelnen Wohnung auch nur mit dem niederen Betrage von 5000 Mk. in Berechnung gezogen werden, nicht weniger als fast 4 Millionen aufwenden. Es erhellt ohne Weiteres, daß die Stadtgemeinde angesichts der anderweitigen großen und kostspieligen Aufgaben, die dringend ihrer Lösung harren und ihre Finanz= kräfte fast übermäßig in Anspruch nehmen, nicht im Stande ist, das bisher Versäumte mit einem Male nachzuholen. Man wird vielmehr es als voll=

kommen berechtigt anerkennen müssen, wenn sie sich darauf beschränkt, zunächst für die Unterbringung der Unterbeamten und Arbeiter ihrer neu entstehenden Betriebe (Schlachthof, Elektrizitätswerk, neues Gaswerk, ev. Industriehafen) Vorsorge zu treffen, bezüglich der übrigen aber durch Vorbehalt geeigneten Bauterains, gelegentliche Erwerbung von Gebäuden und dergleichen vorbereitende Maßnahmen die Möglichkeit einer allmähligen Lösung der Wohnungsfrage zu sichern.

Von Seiten des badischen Staates in seiner Eigenschaft als Arbeitgeber ist dahier in der Wohnungsfrage schon bisher Anerkennenswerthes geleistet worden. Ein namhafter Bruchtheil des Eisenbahn- und Zolldienstpersonals ist in den zahlreichen, innerhalb des Hafen- und Bahnhofgebiets befindlichen Dienst- und Miethwohnungen untergebracht, während eine Reihe von Wohnräumen im Gr. Schloß, im Kaufhaus u. a. mittleren Beamten der Steuer- und Justizverwaltung überlassen sind. Die Stadtgemeinde wird ihren Einfluß dahin geltend zu machen haben, daß mit der Zeit auch die sonstigen niederen Staatsangestellten und die Arbeiter der Staatsbetriebe in der Hauptsache ebenfalls in staatlichen Wohnräumen untergebracht werden.

Ein gleiches Ziel wird auch hinsichtlich der Unterbeamten des Reichs (Post, Telegraph) anzustreben sein, für die bisher noch nichts geschehen ist.

Was die zweite Art der Bestrebungen, der Wohnungsnoth entgegenzuwirken, nemlich

b. Die Selbsthilfe unter Bildung von Genossenschaften

betrifft, so bietet gegenüber den anderen dieselbe den zweifellosen moralischen Vortheil, daß die Betheiligung der Genossen an der Verwaltung zur wirthschaftlichen Erziehung derselben dient und ein weit größeres Interesse an der Wohnung weckt, als dies bezüglich bloßer Miethswohnungen vorhanden zu sein pflegt. Die Genossenschaft hat auch in Mannheim warme Befürworter und praktische Bethätigung gefunden. Der hiesige „Spar- und Bauverein" zählt gegenwärtig 210 Mitglieder, die aber größtentheils dem höheren Beamtenthum und dem Bürgerstand angehören; er besitzt Ende 1896 ein Vermögen von M. 15472.61, wozu im laufenden Jahre das neu erbaute Wohnhaus Viehhofstraße Nr. 4 kam. Die bereits eingezahlten Antheile der Mitglieder betrugen auf Ende 1896 M. 14170.18. Näheres über die Beziehungen des Vereins zur Stadtgemeinde ist Seite 23/25 dargelegt.

So erfreulich nun auch eine Verwirklichung der Selbsthilfe auf dem wichtigen Gebiete der Wohnungsfrage ist, können leider große Hoffnungen auf dieselbe als ein Palliativmittel gegen die Wohnungsnoth nach unseren örtlichen Verhältnissen wohl kaum gesetzt werden. Es ist vielmehr die Annahme berechtigt, daß die Thätigkeit genossenschaftlich organisirter Vereinigungen sich hierorts — wenigstens vorerst — in bescheidenen Grenzen bewegen wird. Einer ausgedehnteren Wirksamkeit derselben steht neben der geringen Neigung der Arbeiterschaft zur Betheiligung vor Allem der Umstand entgegen, daß mit Rücksicht auf den durch Terrainauffüllungen vertheuerten Aufwand für ein ausgedehntes Bauunter= nehmen große Kapitalien erforderlich sind, die durch die verhältnißmäßig niedrigen Einzahlungen und Beiträge der Mitglieder bestenfalls erst im Verlauf vieler Jahre aufgebracht werden. Die Genossenschaften sehen sich daher auf die leihweise Beschaffung der Baugelder angewiesen. Diese ist zwar durch das Entgegenkommen der Invaliditäts= und Altersversicherungsanstalt Baden sehr erleichtert, sie hindert aber immerhin die Bewegungsfähigkeit der Unter= nehmungen.

Die Erstellung von kleinen Häusern mit einer, höchstens zwei Wohn= ungen — der ursprüngliche Typus der genossenschaftlichen Bauweise — kann bei den theuren Bodenpreisen und Fundationskosten Mannheims nicht in Betracht kommen; der Bau einer auf den Wohnungsmarkt auch nur einigermaßen Ein= fluß übenden Anzahl von drei= bis vierstöckigen Miethshäusern im Weichbilde der Stadt dagegen würde ohne Zweifel die Leistungsfähigkeit der Gesellschaft übersteigen.

Wenn demnach das Bestehen des Spar= und Bauvereins und anderer ähnlich organisirter Baugenossenschaften die berufenen Faktoren keineswegs von der Bethätigung unabläſſiger Obsorge für eine Beseitigung des Wohnungs= mangels enthebt, so muß dasselbe immerhin als ein werthvoller Bundesgenosse auf dem Wege zum Ziele angesehen werden. Es wird deshalb die Stadtge= meinde diesen Baugenossenschaften mindestens die gleichen Vortheile, wie anderen ähnlichen Bestrebungen zu gewähren haben, sobald wenigstens ihre Lebensfähigkeit bewiesen ist, — eine Voraussetzung, welche vom Spar= und Bauverein erfüllt ist.

c. Die gemeinnützigen Privatunternehmungen.

mit beschränkter Kapitalverzinsung haben im Allgemeinen allenthalben eine weit fruchtbarere Wirksamkeit als die Genossenschaften, mit welchen einzelne Formen derselben, — die Gesellschaft mit beschränkter Haftung und der Verein mit Körperschaftsrechten — nahe verwandt sind, zu entfalten vermocht. Es gilt dies namentlich von den mit großen Geldmitteln arbeitenden und gut geleiteten Aktiengesellschaften. Die Verwaltung hat von vorn= herein eine feste Ordnung und ruht in den Händen von Männern, die ihre in einem thätigen Leben gewonnenen Erfahrungen der Gesellschaft uneigennützig zur Verfügung stellen, oder aber — bei Unternehmungen größeren Umfangs — von Beamten, die an den äußeren Erfolgen kein persönliches Interesse haben. Die Verwaltung einer Aktiengesellschaft ist klar zu übersehen und unterliegt dadurch auch der öffentlichen Kontrole.

Eine Aktiengesellschaft kann sich und indirekt ihren Miethern alle die durch den Großbetrieb ermöglichten Vortheile bei dem Erwerb der Grundstücke, dem Bau und der Verwaltung der Häuser zu Nutzen machen. Eine Wieder= veräußerung der erbauten Häuser kommt nicht in Frage. Auch die Beschaffung der Kapitalien ist leichter und billiger. Die Gesellschaft bietet durch ihre Organisation, ihr Aktienkapital und die gut verwalteten Häuser eine Sicherheit, der gegenüber sich die Geldinstitute zur Hergabe billiger Hypothekenkapitalien gern verstehen.

Dadurch, daß die Aktionäre auf den Bezug höherer Dividenden, als der dem üblichen Zinsfuß von 3½ pCt gleichkommenden verzichten und daß die Funktionen des Aufsichtsraths, so lange thunlich auch der Direktion, unentgeltlich wahrgenommen werden, wird dem Unternehmen ein gemeinnütziger Charakter beigelegt und das Vertrauen der Miether gewonnen. Die direkte Bezeichnung als „gemeinnützig" sollte jedoch vermieden werden, da dieses Wort seitens der Besitzenden häufig auf die Absicht reiner Wohlthätigkeit gedeutet wird und deßhalb zu einer geringer bemessenen Kapitalbetheiligung Anlaß gibt.

Welch' gewaltige Erfolge ein solches Unternehmen unter schwierigen Verhältnissen zu erzielen vermag, zeigt mit unwiderleglicher Deutlichkeit die Seite 101/104 dieser Schrift skizzirte Geschichte der Wohnungskolonie Ostheim bei Stuttgart.

Dem kann freilich die betrübende Thatsache entgegengehalten werden, daß die hier bestehende Baugesellschaft auf Aktien sich zur Liquidation veranlaßt gesehen habe. Allein es ist zu berücksichtigen, daß Organisation und Wirkungskreis der bereits vor 30 Jahren entstandenen Gesellschaft auf kleine Verhältnisse berechnet waren, innerhalb deren Rahmen sie ihre Aufgabe in dankenswerther Weise erfüllt hat. Die Versuche, mit Hilfe der Stadtgemeinde ihre Thätigkeit dem gegenwärtigen Bedürfnisse anzupassen, begegneten einer unbesiegbaren Voreingenommenheit in der Gemeindevertretung und den Kreisen der Bürgerschaft. Aehnlichen Schwierigkeiten würde eine neue Gesellschaft, welche unter dem Eindrucke des derzeitigen Nothstandes einflußreiche, ihrer sozialen Verantwortlichkeit bewußte Persönlichkeiten mit erheblichem Kapital ins Leben rufen würden, nicht ausgesetzt sein; wohl aber wäre ein solches Unternehmen voraussichtlich geeignet, für die Gegenwart und nächste Zukunft dem von der Privatspekulation nicht befriedigten Wohnungsbedürfnisse vollkommen Genüge zu leisten, sofern die Gemeinde demselben, gleich anderen Unternehmen, aufmunternd und unterstützend die Hand reichen würde.

Um für den Fall, daß die zunächst zur Steuerung der Wohnungsnoth anzuwendenden Hilfsmittel von geringem Erfolge begleitet sein sollten, die Wohnungsfürsorge nicht ins Stocken gerathen zu lassen, empfiehlt es sich, die Gründung einer leistungsfähigen Aktienbaugesellschaft unter weitgehendem Einflusse der Stadtgemeinde von vornherein ins Auge zu fassen.

Da eine, den heutigen Zinsverhältnissen voll entsprechende, nach menschlichem Ermessen sichere Dividende in Aussicht stünde, würden die Actien der Gesellschaft ein gutes Anlagekapital bilden, auch dann noch, wenn die Dividende nur 3 pCt. erreichen sollte.

An der Gesellschaft hätten sich namentlich diejenigen Arbeitgeber zu be=
theiligen, welche aus irgend einem Grunde eigene Arbeiterwohnungen für ihre
Arbeiter zu erstellen nicht in der Lage sind. Diese Verpflichtung wäre mindestens
so lange vorhanden, bis das Privatkapital die bisherige Zurückhaltung gegen=
über der Betheiligung an dem sowohl sicheren als auch wohlthätig wirkenden
Unternehmen überwunden hätte.

d. Private, ganz oder vorwiegend kapitalistische Bauthätigkeit.

Die naturgemäße Befriedigung des Bedarfs an Kleinwohnungen ist,
— abgesehen vom Bau bezw. Erwerb durch die Wohnungsbedürftigen
selbst — die Erstellung und Vermiethung durch Bauunternehmer oder Kapi=
talisten, sowie durch diejenigen kleinen Eigenthümer, welche infolge ihres Ge=
werbebetriebs zum Besitze eines Hauses gezwungen sind, aber nicht aller
Räume desselben für sich bedürfen.

Neben all' den mannigfaltigen, bisher besprochenen Unternehmungsformen
zur Linderung der Wohnungsnoth ist überall und zu allen Zeiten der privaten,
gewinnbringenden Bauthätigkeit ein reiches Arbeitsfeld übrig geblieben und
es ist eine der erfreulichsten Erscheinungen, welche der Geldmarkt während
der letzten Jahre uns gewährt, daß namhafte Kapitalien, welche früher ins=
besondere in ausländischen Werthen angelegt waren, neuerdings der Wohnungs=
production zugewendet worden sind.

Wenn aber auch in den letzten Jahren hierin die Verhältnisse sich gebessert
haben, besteht doch beim Einzelkapital noch nicht genügend Neigung zur Erstellung
bezw. Erwerbung von Arbeiterwohnungen, und zwar nicht sowohl des damit
verbundenen Risikos, als der Schwierigkeiten und Unannehmlichkeiten halber,
welche die Verwaltung solcher Häuser im Gefolge hat. Dazu kommt, daß das
angelegte Kapital nur schwer wieder flüssig zu machen ist und daß dem mit
fremdem Kapital arbeitenden Privatunternehmer die Beschaffung desselben gegen
Verpfändung eines so sehr der Abnützung unterworfenen Objekts oft nur mit
Mühe gelingt.

Es bleibt hier noch die Frage zu erörtern, ob durch die vorstehend er=
örterten Vorschläge für die kapitalistische Thätigkeit d. h. Privatunternehmer
und Hausbesitzer eine drückende Konkurrenz geschaffen würde. Diese Frage
wird zu verneinen sein. Die freie Privatbauthätigkeit hat, wie bereits mehr=
fach ausgeführt, sich bisher in nicht ganz zureichendem Umfange mit dem
Bau von Arbeiterwohnungen beschäftigt. Wird sie durch die von der Stadt=
gemeinde beabsichtigte Subventionirung, die ihr ebensowohl wie sonstigen
Unternehmungsformen zugänglich ist, zu erhöhter, dem Bedürfnisse genügender
Wirksamkeit angeregt, so würde eben die Bauthätigkeit der hilfsweise ein=
tretenden Unternehmungen beschränkt oder nach Lage der Verhältnisse völlig
eingestellt. In der alsdann äußerstenfalls vorhandenen Zahl von einigen
Hundert mit städtischer Unterstützung gebauter Wohnungen, die kaum dem

normalen Bevölkerungszuwachse eines einzigen Jahres entspricht, wäre aber kaum eine nennenswerthe Schädigung zu erblicken.

Es kann schließlich nicht in Abrede gestellt werden, daß es sich um einen Kampf widerstreitender Interessen handelt — auf der einen Seite ungünstigsten Falls um eine vorübergehende Beeinträchtigung einzelner Bauunternehmer oder Hausbesitzer, auf der andern Seite die aus einer unzulänglichen Wohnungs= fürsorge für das Gemeinwohl drohenden eminenten Nachtheile.

Ueber diese Frage der Schädigung der Bauunternehmer und Grund= besitzer — namentlich durch Baugenossenschaften — spricht sich in unzwei= deutiger Weise der Leitartikel eines hiesigen Blattes (Neue Badische Landes= zeitung vom 22. September 1897 Nr. 440) folgendermaßen aus:

Eine Agitation gegen die Baugenossenschaften.

Jede wirthschaftliche Entwicklung und Verbesserung stößt auch auf Widerspruch, mag sie für die Allgemeinheit noch so segens= reich sein, denn stets finden sich Personen, die an der Erhaltung der Verhältnisse persönlich interessirt sind und in der Aenderung eine Schädigung ihrer finan= ziellen Lage erblicken, die ihre wirthschaftliche Existenz durch die veränderte Lage als gefährdet betrachten und die nicht einsehen können, daß schließlich auch sie an dem Vortheil theilnehmen, den die Gesammtheit aus den veränderten Verhältnissen hat, mögen diese ihnen selbst auch vorübergehend Schwierigkeiten bereiten Zu diesen Betrachtungen zwingen die Verhandlungen der Grundbesitzervereine in Leipzig über die Bau= genossenschaften und deren „staatliche Unterstützung“.

. Gewiß ist es wahr, daß der Arbeiter heute besser wohnt, wie vor hundert Jahren, doch das besagt noch nicht, daß die Wohnungs= verhältnisse für den Arbeiter im Allgemeinen nun gute sind. Es ist wohl genügend erwiesen, daß dieselben sogar recht traurige sind und daß Abhilfe noth thut.

Diese Abhilfe könnte zunächst durch die Bauspekulation geschehen, doch diese ist auf diesem Gebiete recht zurückhaltend. Häuser mit Arbeiterwohnungen ist kein beliebtes Kaufobjekt. Ein solches Haus hat viele Wohnungen, die Miether wechseln oft, Miethzahlungen er= folgen nicht immer pünktlich, Reparaturen sind häufig nothwendig. So verursacht das Haus: Mühe, Kosten und Aerger. In dieser Weise kann man die Eigenthümer solcher Häuser sich oft äußern hören, und sie haben gewiß recht. Ebenso richtig ist aber auch, daß das Wohnungselend beseitigt werden muß; und wenn nun die Arbeiter sich vereinigen, um durch genossenschaft= liche Organisation mit eigener Kraft hier die

bessernde Hand anzulegen — so sollte man darüber
allseitig erfreut sein. Keineswegs! Der Verband
der deutschen Grundbesitzervereine hat auf seinem
Verbandstage in Leipzig sehr energisch gegen die
Baugenossenschaften und ihre Förderung Stellung
genommen. Die Grundbesitzer glauben in der Ausbreitung der
Baugenossenschaften eine schwere Schädigung ihrer Interessen wahr=
zunehmen, sie stellen sich den Baugenossenschaften gegenüber auf den
Standpunkt, den die Kleinhändler zu den Konsumvereinen einnehmen.

Es soll hier nicht weiter die große wirthschaftliche und soziale
Bedeutung jener Genossenschaften dargelegt werden, die bestimmt sind,
den minder begüterten Klassen gute und billige unkündbare Woh=
nungen zu beschaffen und den besser gestellten Arbeitern, sowie kleine
Gewerbetreibenden den Erwerb eines eigenen Heims zu ermöglichen.
Eine gesunde preiswerthe Wohnung ist die Vorbedingung für Ge=
sundheit, Ordnung, Familiensinn, Sparsamkeit. Für gute Wohnungen
zu sorgen, ist eine der wichtigsten sozialen Aufgaben — freilich auch
eine von denen, die am schwersten zu erfüllen sind. Kaum ein besseres
Mittel zu ihrer Erfüllung aber giebt es, als den der genossenschaft=
lichen Organisation der Betheiligten, denn es führt auf sicherem
Wege zum Ziel. Sollen den Arbeitern etwa, wie bei den Konsum=
vereinen, so auch bei den Baugenossenschaften Schwierigkeiten bereitet
werden, ihre wirthschaftliche Lage zu verbessern? Zunächst hat man
wohl im Auge, die Alters= und Invaliditäts=Versicherungsanstalten
zu bestimmen, den Baugenossenschaften keine billigen Baukapitalien
zur Verfügung zu stellen. Die Alters= und Invaliditätsversicherungs=
und ähnliche Anstalten aber werden sich hoffentlich in der Unter=
stützung der Arbeiter bei Beschaffung guter Wohnungen nicht irre
machen lassen; die Ausleihung von Kapitalien an diese Genossen=
schaften, wobei selbstverständlich nach streng geschäftlichen Grundsätzen
zu verfahren ist — von einer Staatsunterstützung der Baugenossen=
schaften ist keine Rede, sie ist auch noch nie gefordert — fällt voll=
ständig in die Aufgaben dieser Anstalten; nur als billig ist es zu
erachten, wenn ein Theil der von den Versicherten aufgebrachten
Gelder ihnen wieder zu Zwecken zur Verfügung gestellt wird, die
den Interessen der Arbeiter und jener Anstalten dienen.

Die Grundbesitzer=Vereine können ihr Ansehen nur
schädigen, wenn sie bestrebt bleiben, aus dem Haus=
besitz ein Monopol der Begüterten zu machen.

e. Eingreifen des Staats, der Gemeinde und anderer Körperschaften.

Angesichts der hohen Bedeutung der Wohnungsfrage für die Volks=
wirthschaft kann es keinem Zweifel unterliegen, daß Reich, Staat und Gemeinde

an einer befriedigenden Lösung derselben, abgesehen von der bereits erörterten Verpflichtung als Arbeitgeber, nach Maßgabe der ihnen zu Gebot stehenden Mittel thätigen Antheil zu nehmen haben. Der Bau von Häusern seitens des Staates zum Verkauf oder Vermiethen erscheint aus mancherlei Gründen ausgeschlossen. Der bekannte Sozialpolitiker Paul Lechler schlägt eine nationale Wohnungsreform im größeren Maßstabe vor. Ein über das ganze Reichs= gebiet verbreitetes, territorial organisirtes und unter centraler Leitung stehendes Netz von Wohlfahrtseinrichtungen hat nach Lechlers Idee u. A. die Aufgabe, mit Hilfe großer, unter Reichsgarantie aufgenommener Kapitalien der Wohnungsnoth den örtlichen Bedürfnissen entsprechend durch Bau, Sub= ventionirung von Arbeiterwohnungen oder leihweise Hingabe der Baugelder entgegenzuwirken. Die geringen Aussichten, welche für die Verwirklichung dieser von hervorragenden Volkswirthen, wie Schäffle u. A. warm befür= worteten Vorschläge bestehen, entheben der Nothwendigkeit, des Näheren auf dieselben einzugehen.

Nach der vorherrschenden Meinung hat sich die Betheiligung des Staates an der Wohnungsfrage auf die Gesetzgebung und die Ausübung der Polizei zu beschränken. Hier begegnen sich zwei Hauptströmungen. Die eine derselben, jede positive Thätigkeit der privaten Initiative und insbesondere den Wohnungsbedürftigen selbst überlassend, weist dem Staate eine aus= schließlich vorbeugende Stellung zu. Die zweite läßt den Staat auf das Arbeiterwohnungswesen direct fördernd einwirken.

Im Großherzogthum Baden ist die letztere Richtung, freilich in sehr gemäßigter Form, zur Geltung gelangt. Während die Verordnung vom 27. Juni 1874, die Sicherung der öffentlichen Gesundheit und Reinlichkeit betr., in Verbindung mit den bezüglichen Bestimmungen des Polizeistrafgesetz= buchs, die Verbesserung gesundheit= und sittlichkeitschädigender Zustände in be= stehenden Wohnungen bezweckt, wird durch die Landesbauordnung und die darauf fußenden örtlichen Bauvorschriften bei Erstellung von Neubauten den Forderungen der Hygiene Rechnung getragen. Als ein Mangel der in der Landesbauordnung vorgesehenen örtlichen Bauvorschriften wird vielfach, so insbesondere vom deutschen Verein für öffentliche Gesundheitspflege, gerügt, daß dieselben unterschiedslos auf das ganze Gemeindegebiet sich erstrecken und durch ihre Anordnungen in Bezug auf die architektonische Ausgestaltung der Facaden, die Entwässerung, Breite und Befestigung der Straßen, die Gehwege, das Bauen und die Miethpreise vertheuern. Es wird deshalb für größere Städte die zonenweise Abstufung der Bauordnung verlangt, welche für die außerhalb des allgemeinen Verkehrs liegenden Baugebiete im Interesse der Kostenersparniß mildere Baubestimmungen zuläßt, andererseits durch weit= gehende Anwendung der offenen Bauweise übermäßiger Beschränkung von Luft und Licht und dem Anwachsen der Geländepreise entgegentritt.

Die Forderung nach Einführung offener Bauweise und einer Zonenbau= ordnung sind von einer Autorität auf dem Gebiete des Städtebaues, Oberbaurath Professor Baumeister in Karlsruhe, gelegentlich einer Begutachtung über die Planlegung verschiedener hiesiger Gemarkungstheile für unsere Stadt mit besonderem Nachdruck vertreten worden, und es wird deren Berücksichtigung ernstlich in Betracht gezogen werden.

Während in unserem Lande die Staatsgewalt für eine Bekämpfung der qualitativen Wohnungsnoth ausreichende Vorsorge getroffen hat, werden gesetzliche Maßnahmen vermißt, welche die Entstehung einer dem Bedürfniß entsprechenden Anzahl von Wohnungen Vorschub leisten; im Gegentheil hat das Verbot der Benutzung gesundheitsschädlicher Räume die quantitative Unzulänglichkeit der Arbeiterwohnungen und eine Steigerung der Miethpreise im Gefolge.

Eine Förderung der auf die Befriedigung des Wohnungsbedürfnisses der Arbeiterbevölkerung gerichteten Bestrebungen von seiten des Staates könnte in der Erlassung der Sporteln und Accise für alle damit verbundenen Rechtsacte, insbesondere für den Kauf und Verkauf von Grundstücken und Gebäuden erblickt werden, wie solche im Großherzogthum Hessen durch Gesetz vom 15. März 1894 zugestanden ist.

Der Standpunkt, daß die Gemeinde berufen sei, das Wohnungsbedürfniß wirthschaftlich schwacher Existenzen ergänzungsweise zu decken, hat ebensoviele Freunde als Gegner gefunden. Die Ersteren halten — wie mir scheint mit Recht — die Gemeinde ihrer Kapitalkraft halber und weil ihr das zum Bau und zur Verwaltung erforderliche Personal zur Verfügung stehe, weil sie außerdem durch die Feststellung der Baupläne und Straßenzüge das betreffende Bauterrain seinem Zweck ganz anpassen könne, hiezu für besonders berufen. Die Gegner verweisen auf die Privatbauthätigkeit und den Wohnungsvermiethern ruinöse, übermächtige Konkurrenz der mit reichen, materiellen und moralischen Mitteln arbeitenden Gemeinden; die Gemeindeverwaltungen hätten keine Berechtigung, nach der fraglichen Richtung das Wachsthum ihrer Städte zu fördern und das Massenangebot von Arbeitskräften in denselben zu vermehren.

Die Förderung des Arbeiterwohnungswesens durch die Gemeinde ist in den mannigfaltigsten Formen denkbar. Voran steht:

1. Die Planlegung geeigneten Baugeländes, Erschließung desselben durch Straßenanlagen, Wasserversorgung, Beleuchtung, Herbeiführung von Bauvorschriften, welche sowohl für thunlichste Kostenersparniß, als auch für die bestimmungsgemäße Verwendung des Geländes und der Gebäude Gewähr leisten. Da die sachgemäße und rechtzeitige Behandlung dieser Angelegenheiten nicht allein auf die Arbeiterwohnungsfrage, sondern auf die gesammte wirthschaftliche Entwickelung eines Gemeinwesens von ganz unberechenbarem Einfluß ist, gehören solche zu den wichtigsten Aufgaben der kommunalen Selbstverwaltung. In hiesiger Stadt wird denselben jederzeit die gebührende Aufmerksamkeit zugewendet werden.

2. Erbauung von Miethshäusern aus Gemeindemitteln und Verkauf bezw. Vermiethung derselben an Angehörige der minder bemittelten Klassen, die nicht im Dienste der Stadt stehen. Gegen diese Art der Wohnungsfürsorge werden mit Recht im Allgemeinen und in spezieller Anwendung auf die hiesigen Verhältnisse schwerwiegende Bedenken erhoben. Die Beschaffung einer ausreichenden Anzahl billiger und sanitär zulänglicher Wohnungen in hiesiger Stadt würde — außer dem Aufwande von ca. 4 Millionen zur Erstellung von Wohnungen für städtische Beamte und Arbeiter (vgl. S. 126 dieser Schrift) — eine Ausgabe von vielen Millionen erfordern in einer Zeit, in welcher der städtische Kredit durch eine Reihe unver= schieblicher und kostspieliger Aufgaben bereits über Gebühr belastet ist. Die Festsetzung und der Einzug der Miethzinsen, die Aufrecht= erhaltung der Hausordnung und die Zurückweisung unberechtigter Ansprüche der Miether böte der Gemeinde unendlich mehr Schwierig= keiten, als jedem anderen Hausbesitzer oder jeder Korporation. Dazu kommt die künstliche Steigerung der Geld= und Bodenwerthe, der Löhne und Materialienpreise, welche der Regiebau der Stadtgemeinde, das Drängen der Betheiligten nach unverweilter Beseitigung des bestehenden Wohnungsnothstandes und die dadurch bedingte Beschleunigung des Unternehmens zur Folge hätte. Was jedoch am Meisten gegen die unmittelbare Bauthätigkeit der Städte spricht, sind die daraus zu befürchtenden nachtheiligen Folgen für die Privatbauspekulation und den Stand der Hausbesitzer — zwei der steuerlich höchst veranlagten Klassen der Bevölkerung.

3. Insoweit das Interesse der Gemeinden an der Arbeiterwohnungs= frage durch Unterstützung der Bauthätigkeit der verschiedenen privaten und körperschaftlichen Unternehmungen zum Ausdruck kommt, läßt sich hiergegen sicherlich wenig einwenden. Auch diese Art der Betheiligung kann sich in verschiedener Gestalt äußern:

a. Durch Gewährung von Darlehen an den Unternehmer, sei es gegen ermäßigten Zinsfuß, sei es gegen eine hinter der üblichen zurückbleibende Sicherheit. Diese Form der Unterstützung wird heute, wo die meisten Gemeinden für ihre eigenen Unternehmungen auf Verwendung von Anlehensmitteln angewiesen sind, selten mehr anwendbar sein. Damit verwandt ist die Vermittelung von Baudarlehen an den Unternehmer durch die Gemeinde aus Stiftungs= fonds, Sparkassen oder aus Kassen der Invaliditäts= und Alters= versicherungsanstalten, bezw. die Uebernahme einer Zinsengarantie seitens des Kommunalverbandes. Inwieweit derartige Maßregeln sich mit den eigenen Interessen der Stadt vereinbaren lassen, müßte der Erwägung im Einzelfall vorbehalten werden; jedenfalls wäre

nicht außer Acht zu laffen, daß die Uebernahme der Zinfen=
garantie im Schoße der ftädtifchen Kollegien meift größerem
Widerftande begegnet, als die Leiftung einer unmittelbaren materiellen
Unterftützung. Die Verficherungsanftalt Baden gewährt an Actien=
baugefellfchaften und Baugenoffenfchaften, fowie an Arbeitgeber Dar=
lehen ohne Zuthun der Gemeinden, während für die Baukapitalien,
welche verficherten Arbeitern zugewendet werden follen, die Wohn=
fitzgemeinde der Anftalt gegenüber als Schuldnerin erfcheint. Diefe
Zwifchenftellung der Gemeinde erfordert eine unausgefetzte Ueber=
wachung des Schuldners in Bezug auf feine Vermögensverhältniffe.
Eine folche kann wohl an kleineren Plätzen, nicht aber von der Ver=
waltung einer großen Stadt mit ftark fluctuirender Arbeiter=
bevölkerung geübt werden, fo daß die Anwendung des gleichen
Verfahrens auf unfere Stadt kaum ausführbar erfcheint.

b. Durch Gewährung von Geldprämien für den Umbau minder=
werthiger Gebäude in gefunde Kleinwohnungen oder für die Er=
ftellungen neuer Miethshäufer. Als Aufmunterungsmittel der
Gemeinde hat die Prämie ziemliche Verbreitung gefunden. Der
angeftrebte Zweck war jedoch in der Regel nicht die Verbefferung
von Miethwohnungen, fondern der Erfatz unanfehnlicher Bauten
durch architektonifch bedeutende behufs Verfchönerung des Straßen=
bildes. Es wird noch forgfältiger Prüfung bedürfen, wie der von
einigen Seiten empfohlenen Unterftützung der Bauthätigkeit in
diefer Geftalt nahe getreten werden kann, ohne fich des Vor=
wurfs einer Verfchleuderung der Gemeindegelder fchuldig zu
machen.

c. Durch Erlaffung der Straßenherftellungskoften. Der fchenkungs=
weife Nachlaß der Straßenkoften hat für die Gemeinde diefelbe
ökonomifche Wirkung, wie die Hingabe eines Baarzufchuffes; gleich=
wohl trägt die Stadt erfteres leichter als letzteres. Der
Schuldner dagegen fieht fich durch die Schenkung von einer in
Folge des Vorzugsrechts der Stadtgemeinde doppelt läftigen Ver=
pflichtung befreit, weßhalb diefe Art der Unterftützung für beide
Theile von großem Vortheil ift.

d. Durch Erlaffung des ganzen oder theilweifen Kauffchillings für
das von der Gemeinde überlaffene Baugelände. Auch hier trifft
das unter c Gefagte zu.

All' diefe Vergünftigungen müßten jedoch, um die dauernde Erhaltung
derfelben für die unbemittelten Wohnungsbedürftigen ficherzuftellen, an ver=
fchiedene Vorbehalte geknüpft werden. Sowohl die Vortheile als die Be=
fchränkungen werden für die Bauunternehmung mit gemeinnütziger Tendenz
weiter gefteckt werden dürfen, als für den privaten Baufpekulanten

Die Form, unter welchen die fragliche Unterstützung gewährt werden soll, hat in den Seite 30/32 abgedruckten Bedingungen Ausdruck gefunden.

Die Verwendung von Mitteln der Stiftungen für Arbeiterwohnungs= zwecke ist hierorts noch nicht in Betracht gekommen. Sie erscheint auch, so= fern sie nicht lediglich in der Hingabe von Darlehen bestehen soll, hinsichtlich der bestehenden Stiftungen durch Gesetz und Willen des Stifters aus= geschlossen.

Es wäre sehr zu begrüßen, wenn auch in der hier fraglichen Richtung der oft erprobte Gemeinsinn der Mannheimer wohlhabenden Mitbürger, der auch hier — wie allenthalben — eine viel urwüchsigere Lebenskraft dem städtischen Gemeinwesen, als dem Staate gegenüber bewiesen hat, sich in ebenso großartiger Weise wie zur Erfüllung anderer idealer Zwecke namentlich auf dem Gebiete der Armen= und Krankenpflege, der Erziehung und des Unter= richts bethätigen würde.

Doch kann mit solchen Hoffnungen im vorliegenden Falle, wo es sich um unverschiebliche Maßnahmen zur Beseitigung eines sozialpolitisch bedenk= lichen Mißstandes handelt, noch nicht gerechnet werden.

Dagegen ist die Frage sehr der Erwägung würdig, ob nicht die Spar= kasse, der es bei der gegenwärtigen Lage des Geldmarktes ohnehin an Ge= legenheit zu sicherer und zugleich nutzbringender Anlage ihrer Kapitalien mangelt, mit dem Bau kleiner Wohnungen und dem Vermiethen derselben an Sparer aus den arbeitenden Klassen befaßt werden sollte, und es wären nur die Erfahrungen der Sparkasse Heidelberg, welche im vorigen Jahre ein ähn= liches Unternehmen begonnen hat, abzuwarten (vgl. Seite 116/17 dieser Schrift).

VII.

Unter Zusammenfassung des Vorstehenden würde ich als Programm der hiesigen Stadtgemeinde in der Wohnungsreformfrage in Vorschlag bringen:

1. Die Stadt erstellt allmählig nach Maßgabe ihrer finanziellen Kräfte Miethwohnungen für den festen Stamm ihrer Arbeiter und ihrer niederen Bediensteten und nimmt prinzipiell in Aussicht, keine größere Anlage zu errichten, ohne zugleich den Bau von Wohnungen für alle oder einen Theil der hierin beschäftigten Bediensteten und Arbeiter vorzusehen (Seite 125/26 dieser Schrift).

2. Sie gewährt allen Unternehmungen — auch allen Privaten — welche sich die Erstellung und Vermiethung von Arbeiterwohnungen zur Aufgabe stellen, Unterstützung durch Nachlaß der Straßenkosten und event. des ganzen oder theilweisen Geländekaufpreises auf Grund der mehrfach erwähnten Subventionsbedingungen (Seite 30 32 dieser Schrift).

3. Sie fördert die Entstehung und Entwickelung aller Organisationen mit gleichen Zielen, insbesondere gemeinnütziger Actiengesellschaften. (Seite 127/9 dieser Schrift).

Sodann wäre in Aussicht zu nehmen:

4. Beschleunigte Planlegung von Baugelände, das nach seiner Preislage, seinen Untergrundsverhältnissen 2c. zur Erstellung von billigeren Arbeiterwohnungen sich eignet; baldige Anlage von Straßen mit Kanalisation, Wasser- und Gasversorgung in dem fraglichen Baugebiete.

5. Erlaß einer Zonenbauordnung mit erleichterten Bauvorschriften für die unter Ziff. 4 erwähnten Baugebiete und energische Förderung der offenen Bauweise.

6. Regelmäßig nach 2—3 Jahren wiederkehrende gesundheitspolizeiliche Revision sämmtlicher Arbeiterwohnungen.

7. Genaue statistische Feststellungen in kurzen Perioden über die Wohnungsverhältnisse, prozentuale Zunahme der Wohnungen mit der Bevölkerungsvermehrung, Statistik der leerstehenden Wohnnungen 2c.

8. Nachdrückliche Förderung einer raschen und möglichst billigen Straßenbahnverbindung der Industriegebiete mit den Vororten und den neu zu erschließenden Baugebieten.

9. Schaffung von Promenaden und öffentlichen Anlagen, von Tummel- und Spielplätzen, welche sowohl den Erwachsenen, Kranken und Siechen als auch namentlich der heranwachsenden Generation in Luft, Licht und wohlthuendem Ausblicke einigermaßen Ersatz für die Entbehrungen in den Wohnungen zu gewähren vermögen.